북한이주민과 일세계

남북한 문화비교 총서 ⑦

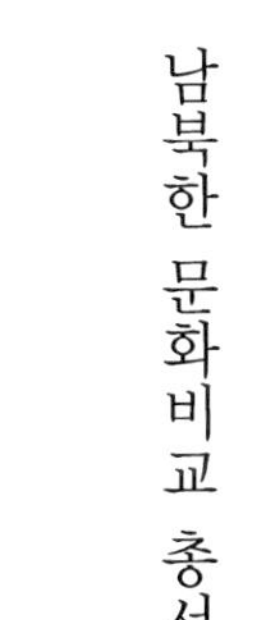

북한이주민과 일세계

전주람 | 신윤정 | 배일현 | 배지홍

○ 들어가는 글

남북한 문화비교 연구총서는 학계에만 국한되어 출간되는 연구물을 대중화할 필요가 있겠다는 기대로부터 기획되었습니다. 2020년 여름, 전주람은 학회지에 북한이주민의 생생한 증언을 담는 작업을 하고 있었습니다. 그때 한국학술정보출판사에서 연구자들이 그간 학술지면에 발표한 논문을 단행본으로 엮는 작업을 한다는 광고를 보게 되었습니다. 그래서 한국학술정보 이강임 팀장님과 만나, 딱딱한 북한 관련 총서에서 벗어나 북한이주민의 생생한 증언을 담아내는 방식의 남북한 문화비교 연구총서를 엮자는 데 의견을 모았습니다. 그간 북한이주민들의 심리사회적 자원을 시작으로 가족관계와 문화, 복지, 직장 생활 및 연애와 성과 사랑 등에 이르기까지 다양한 연구를 현장 인터뷰 방식으로 진행해 왔었는데, 그 내용을 남북한 비교문화 총서로 엮는다면 보다 많은 독자가 쉽게 내용을 접할 수 있지 않을까 판단했습니다.

남북한 비교문화 총서는 '일상생활(daily life)'을 주된 연구 영역으로 삼았습니다. 북한이주민의 일상생활이 어떠한지 자세히 살피고자 했습니다.

이를 통해 북한이주민에 관하여 고정되어 온 부정적 편견과 고정관념을 걷어내고, 그들을 새로운 관점으로 바라보는 태도를 갖게 하고자 했습니다. 이 총서는 북한이주민이 누구인지에 관한 인식 제고의 전환점과 담론을 제공해 줄 것이라 기대합니다. 대한민국 국민이 북한이주민에게 쉽게 다가가고 그들을 이해할 수 있는 좋은 자료가 될 것입니다. 궁극적으로는 향후 남북한의 사회문화적 통합에 중요한 기초자료로 활용될 수 있을 것이라고 기대합니다.

프랑스 철학자 앙리 르페브르(Henri Lefebvre)는 일상생활을 인간의 전체성 관점에서 설명하였습니다. 자세히 보면 인간은 욕구의 차원, 노동의 차원, 놀이와 즐거움의 차원으로 존재가 파악되며 이 세 가지 요소가 유기적인 관계로 통합될 때에만 비로소 인간의 참된 모습이 현실화된다고 하였습니다. 즉 인간이 생존하기 위해서는 모든 물질적 · 신체적 욕구가 충족되어야 하고, 동시에 그의 욕구를 충족시키기 위하여 일하지 않으면 안 된다고 언급한 것입니다. 일상을 다루는 것은 결국 일상성을 생산하는 사회, 우리가 살고 있는 그 사회의 성격을 규정짓는 것이므로, 진지한 연구대상이 되어야 마땅합니다. 일상이 매일 되풀이되고, 보잘것없어 보이고, 지루한 업무의 연속처럼 느껴지고, 익숙한 사람과 사물의 잦은 마주침으로 가득 차 보일지 몰라도, 중요한 사실은 일상이 바탕에 있어야만 사건이 일어난다는 것입니다. 이처럼 일상생활 연구는 사회 전체에 대한 평가와 개념화를 함축하므로, 일상성을 하나의 개념으로만이 아닌 '사회'를 알기 위한 바로미터가 되기에 중요하다. 따라서 남북한 비교문화 총서에서 북한이주민의 일상생활 모습을 전방위적으로 깊이 탐색하는 것은 사회문화적 통합 영역뿐만 아니라 실천적으로도 긴요한 일이라 할 수 있겠습니다.

총서 시리즈의 일곱 번째인 '일세계' 편은 가족학이라는 학문적 토대에 '북한'이라는 영역을 끌어들인 것입니다. 심리학과 교육학, 다문화와 북한이주민에 대해 열정적으로 연구하고 있는 서울대학교 교육학과 신윤정교수님과 그녀의 제자이자 성실하게 연구자의 길을 걷고 있는 배일현, 배지홍 선생님과 함께 북한이주민의 일세계가 어떠한지 주목하였습니다. '일상생활'이라는 개념을 북한이주민에게 적용하면 어떤 내용이 담길지 고민과 숙의의 과정을 거쳤습니다. 결국 그들의 생생한 언어를 채록하는 일이 급선무라 판단했습니다. 그리하면 독자들이 이 책의 내용을 쉽게 이해할 수 있으리라 판단했습니다. 그 숙고의 여정 안에서, 필자들은 '일세계'라는 키워드를 중심으로 지식과 현장 활동 내용을 이 책에 담았습니다.

1부에서는 북한이주민과 일개념을 키워드로 일의 개념, 일의 동기, 일의 심리학 이론을 통해 살펴보는 일개념의 변화 총 세 개의 소제목으로 순차적으로 집필하였습니다. 우선 '일'이란 무엇인지 몇몇 청년들과 철학자들의 생각을 짚어보고, 북한사회에서의 일개념과 목적에 관해 당사자 증언을 통해 일세계에 대한 화두를 던졌습니다. 아울러 일의 심리학 이론에 비춰보았을 때 일개념이 시대가 변하면서 어떻게 변화되어 왔는지에 관해 간략히 고찰하였습니다.

2부에서는 당사자 사례를 통해 살펴보는 북한이주민과 일세계라는 제목으로 북한에서의 일경험과 입남 후 직장 유지 관련 보호 및 장벽 요인은 무엇인지, 또한 남한 출신 종사자들의 시각에서 북한이주민들과의 일경험은 어떠한지에 관해 양방향적으로 살펴보았습니다. 그들의 증언을 통해 사회적 낙인의 대상이 되어 온 북한이주민들의 일세계에서 어떠한 현상들이 나타나는지 그들의 욕구와 고민, 역경을 극복하기 위한 자원들을 살펴볼 수 있었습니다. 그리고 사례에 기반하여 북한이주민들과 근무하는 남한 출신 종사자들의 경험을 살피며 남북인이 조화롭게 근무할 수 있는 환경과 관련한 논의들을 정리하며 미래 한국사회 남북인이 조화롭게 일할 수 있는 '진로/직장/남북인의 조화'라는 키워드를 중심으로 사회적 전망과 논의 이슈들을 담고자 하였습니다.

마지막 3부에서는 북한이주민을 위한 진로 준비와 개발 및 직장 유지를 위한 제언, 남북인이 함께 조화롭게 근무할 수 있는 직장환경 가이드라인을 제시하였습니다. 우선 북한이주민을 위한 진로 준비와 개발, 직장 유지를 위한 제언을 기술하였고, 끝으로 남북인이 조화롭게 근무할 수 있는 직장 환경 가이드라인을 주관적이나마 필자들의 연구 경험과 현장 인터뷰의 자료에 기반하여 정리하였습니다. 이 내용에는 북한이주민들의 문제보다는 강점에 초점을 두어 좀 더 그들의 자원과 성장 동기에 초점을 두고자 하는 필자들의 인식과 철학이 담겨 있습니다. 이는 북한이주민들의 일세계 관련 이슈에 관한 일상의 모습이 어떠한지 살펴봄으로써 일상 사건의 이해를 통해 그들이 속한 사회를 이해하는 실마리가 될 수 있고, 나아가 남북인이 조화롭게 어울릴 수 있는 직장 문화를 찾아 나가는 데 기초자료가 될 것이라고 확신합니다.

2024년 4월

전주람 · 신윤정 · 배일현 · 배지홍 일동

○ 목차

제2부 당사자 사례를 통해 살펴보는 북한이주민과 일세계

제3부 종합논의 및 제언

제1부

북한이주민과
일에 대한 이해

제1장 '일'이란 무엇인가?

이 장에서는 일개념에 관한 몇몇 청년들과 철학자들의 내러티브를 시작으로, 일의 개념과 동기, 최근 일의 심리학 이론에서 일이란 무엇이라고 설명하는지에 관해 간략히 살펴보고자 한다.

1. 일의 개념

1) 한국 청년들의 '일'에 대한 이미지

일이란 무엇인가. 사전적 의미로 일이란 무엇을 이루거나 적절한 대가를 받기 위하여 어떤 장소에서 일정한 시간 동안 몸을 움직이거나 머리를 쓰는 활동 또는 그 활동의 대상(국립국어원 표준국어대사전, 2023)이라고 설명된 바 있다. 이러한 '일'은 자신과 가족을 부양할 수 있는 만족스러운 삶의 기초가 될 뿐만 아니라 자신의 가치와 흥미를 찾도록 하므로(Blustein, 2013; Savickas, 2011) 인간의 삶에서 매우 중요한 영역이다.

'일'에 대한 인식은 사람마다 다양하다.[1] 청년들에게 '일'이란 무

1 2023년 2학기 서울시립대학교 〈심리학의 이해〉 수업 중 일개념에 대한 콜라주 활동을 학

엇인가. 필자는 수업에서 만난 몇몇 청년들을 대상으로 일이란 무엇인지 잡지를 활용해 표현해 보도록 하였다. 여기서는 몇몇 청년들이 만든 콜라주 작품을 통해 일이란 무엇인지에 관해 생각해 보고자 한다. 한 20대 청년은 '일(work)'이란 '사회를 공유하는 하나의 방법'이자 '삶을 살아가는 수단이자 동기'라고 정의 내렸다. 그는 일이 단순히 경제적 자본 획득에 국한되는 것이 아닌 살아가는 동력을 제공하는 일이자, 사회를 공유하는 일이라 지각하였다. 또 한 여대생은 (사회에서) 자신을 증명해 보이려면 타인과의 비교 가운데 우월한 위치를 점해야 하는 우리들의 치열한 경쟁사회를 표현하며 무엇보다 일은 돈의 재정 확충과 밀접하게 관련이 높다고 하였다. 동시에 그녀는 이 과정에서 마음에 상처를 받게 되는 과정도 생길 수 있다고 하였다.

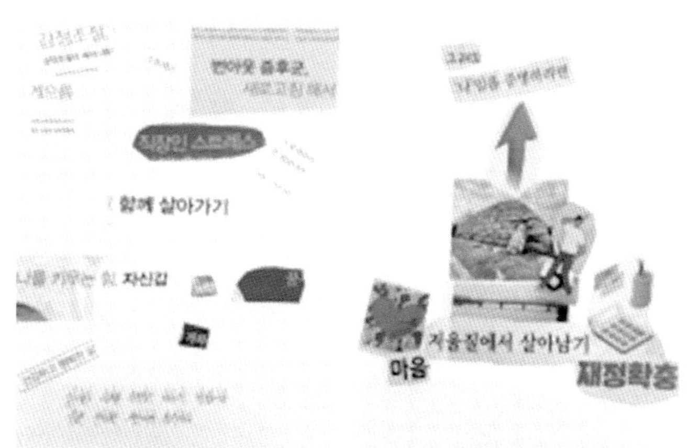

〈일이란 삶의 동기/공유/재정 확충/사회 비교〉

생들의 동의를 얻어 예시로 소개한다. 이 콜라주 활동은 잡지에서 자신이 인식하는 일개념을 자유롭게 도화지에 오려 붙여 작업한 작품이다.

위 그림과 같이 한 학생은 '일'이란 보다 조건이 좋은 일자리를 찾기 위해 스펙을 쌓는 것은 기본이자 가급적 빠르게 업무와 관련된 정보를 수집하여 이력서를 집어넣는 일이라고 하였다. 또한 한 청년은 자신의 작품을 '생산'이라는 제목으로 표현하며 마치 에릭슨(Erikson)이 언급한 성인기의 과업인 '생산성 대 침체감'을 떠올리게 한다. 즉 일을 통해 인간은 무언가를 생산해 낸다는 것(out put)으로, 일이란 투입물과 산출물을 다르게 만드는 활동이라고 정의 내리고 있다. 다시 말하면 그녀는 일을 통해 어떠한 결과물의 중요성을 강조하며, 보다 효율적인 아웃풋을 위해 충분한 인풋의 과정이 필요하다고 설명하였다.

〈일이란 스펙 관리, 생산〉

그리고 다른 한 남자 청년은 티브이 프로의 한 장면을 캡처하여 일이란 아무리 좋아하고 잘해도 '하기 싫은 것'이라고 말하며 아래의 사진을 제시하였다.

〈일이란 하기 싫은 것〉

이처럼 청년들은 일을 고통이자 동시에 결과물의 획득이라는 양가적 속성으로 이해했고, 자신을 증명하는 일이자 자아 성장을 이루어갈 수 있는 도구적 수단으로 보았다. 동시에 타인과 함께 살아가는 사회적 가치와 인류 발전이라는 기능적 속성을 포함하여 일개념을 규정하고 있다. 이러한 결과는 청년들이 일을 통해 개인의 발전뿐만 아니라 사회, 국가의 발전에 기여하고자 하는 노동의 기능적 속성을 유추해 볼 수 있게 한다.

2) 앙리 르페브르의 인간을 보는 전체성 관점: 욕구, 노동과 즐거움

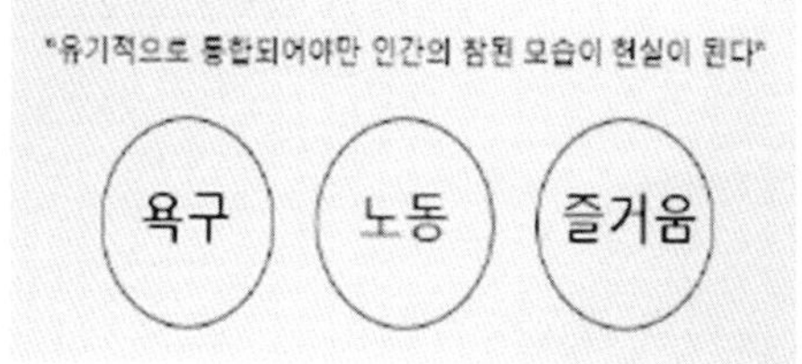

프랑스 사회학자 앙리 르페브르(Henri Lefebvre)는 '일상생활'을 인간의 전체성 관점[2]에서 설명하였다. 즉 인간은 욕구, 노동, 놀이와 즐거움을 찾는 존재라는 것이며, 세 가지 요소가 유기적 관계로 통합될 때에만 비로소 인간은 참된 모습이 현실화될 수 있다는 것이다.

인간의 '욕구(need)'는 사람을 움직이는 심리적 동인이다. 인간의 욕구는 동물과는 달리 유전적, 선천적으로 고정되어 있는 것이 아니다. 욕구는 그 기준이나 정도는 주관적, 상대적이며 경제, 정치, 사회 및 문화의 조건에 의해 다르게 변화한다. 인간은 결핍된 욕구를 충족시키거나 보다 나은 상태로 나아가기 위해 끊임없이 일한다. 이러한 일경험은 개인에게 생존의 수단이 되는 일이자 사회와의 연결을 이루고 자기실현을 경험하게 한다. 그러면서도 인간은 앙리 르페브르가 언급한 바와 같이 욕구와 일의 두 차원만으로 한정되지 아니하고, 소소한 즐거운 일들을 동시에 경험한다. 우리는 특별한 날을 기념하며 음식을 나누거나 종종 미학적이고 철학적인 심리적 경험을 마주하곤 한다.

(탈북이라는 사건을 통해) 물리적 이동을 경험한 북한이주민들 역시 일차적으로 남한사회 적응을 위해 일자리를 확보하고 그 과정에서 편견과 차별도 경험한다. 반면 몇몇 친밀한 관계에 속한 사람들과 서로 의지하며 삶의 동기를 얻으며 소소한 즐거움을 경험해 나간다.

---

2 미셸 마페졸리, 앙리 르페브르 외 지음, 『일상생활의 사회학』, 한울, 2016(pp.30-34)의 내용을 참고하여 작성하였다.

그렇다면 몇몇 철학자들은 '일'을 무엇이라 규정하는가. 칸트(Immanuel Kant, 1724-1804)는 자신의 저서인 『판단력 비판』에서 노동이란 그 자체만으로는 불쾌적하지만 오직 그 결과 때문에만 우리의 마음을 끄는 활동이라고 언급하며 의무적인 행위를 강조하였다(이종영, 2010). 또한 헤겔(Hegel, 1770-1831)은 노동이 인간의 발전을 도모하는 행위라고 보다 적극적인 개념으로 노동의 개념을 설명하였다(이종영, 2010). 즉 의무적인 행위를 넘어서 인류의 발전을 언급한 것이다.

또한 크반트(R. C. Kwant)에 따르면 노동이란 사회적 규율 속에서 인간의 욕구를 충족하기 위해 수행하는 모든 활동이다. 여기서 욕구라 함은 생존의 욕구, 사회적 명성이나 지위를 얻고자 하는 욕구, 자아실현 충족을 위한 욕구와 타인을 위한 욕구 충족 등을 노동의 동기를 말한다(이승계, 2007). 이처럼 몇몇 학자들의 노동에 관한 개념을 종합해 보면 노동 자체가 고통을 수반하는 의무적인 일이나, 동시에 그 행위를 통해 생계유지를 위한 필수적인 자본을 획득하고 사회적 명성, 자아실현, 이타주의 등의 개인 내외적 보상물을 획득하는 것으로 정리할 수 있다.

3) 시대에 따른 일개념의 변화: 미래 알파세대들에게 일이란 무엇인가

'알파세대(generation alpha)'는 어려서부터 기술적 진보를 경험하며 자라나는 세대로, 2010년 이후에 태어난 이들을 지칭한다(시사상식사전, 2023). 이 세대는 기계와의 일방적 소통에 익숙해 사회성 발달에 부정적인 영향을 미칠 수 있다는 우려가 있다.

패스트컴퍼니[3]에 따르면 더 엘리 스파클 쇼(The Ellie Sparkles Show)는 미국의 5-8세 어린이 1,000명을 대상으로 장래희망에 대한 설문조사를 실시했다. 그 결과 1위는 의사, 간호사 또는 의료 전문가(26.2%)로 나타났고, 다음으로 교사(16.5%), 틱토커 유튜버 등의 순서로 나타났다. 놀랍게도 1위는 치료자(힐러)이다. 알파세대는 이 세상에 고칠 게 많다고 생각한다. 망가지고 무너진 세상을 다시 바로잡기 원한다. 다음으로 인기 있는 직업(12%)은 틱토커/유튜버/브이로거이다. 설문 대상자 중 5.6%만이 인플루언서가 되길 바라고, 3.3%는 프로 게이머를 희망한다. 장래희망의 중요한 기준으로 응답자 35%는 '남을 도울 수 있는 일'로 꼽았고, 28%는 '재미'라고 답했다. 응답자의 73%는 재택 근무와 출근을 스스로 선택할 수 있길 원했고, 또한 평균적으로 하루 5시간 근무와 주 4일 근무를 원한다고 했다. 즉, 현재 알파세대는 그들의 자라난 환경 등에 영향을 받아 메타버스 혹은 인터넷과 연관된 직업의 선호도가 상승하고 있음을 알 수 있다.

이러한 결과는 X세대(1960년대 중후반에서 1970년대 후반까지 출생한 세대를 일컫는 표현), MZ세대(1980년생부터~1990년대 초중반생인 밀레니얼 세대인 M세대와 1990년대 중후반~2010년대 초반생인 Z세대를 묶어 부르는 말)와 Z세대(1990년대 중후반~2010년대 초반생)에 이어 다가오는 알파세

3 https://www.fastcompany.com/90806197/generation-alpha-top-career-choices-post-gen-z(검색일, 2023년 12월 1일).

대의 일개념과 목적 및 직업관 등이 시대에 따라 변화하고 있음을 시사한다.

북한이주민들 역시 1990년대 탈북한 1세대들과 2020년 이후 입남한 다음 세대들 간의 직업관과 일에 대한 개념은 매우 달라 보인다. 체감상 코로나 시기 전후 넘어온 최근 탈북청년들을 인터뷰하다보면, 10-20년 전 탈북한 북한이주민들에 비해 자신들이 디지털 활용 능력이 더 뛰어나다고 인식하며, 일과 취업, 창업 등 진로 전반에 관한 가치관과 인식이 1세대들과는 다르다는 생각을 어렵지 않게 엿볼 수 있다.

2. 일의 동기

인간은 무엇 때문에 일하며, 어떠한 동기로 움직이는가? 노동을 둘러싼 우리 사회의 지식 또한 특정 사회의 역사 및 문화와 맥락을 같이할 수밖에 없고(조순경, 2000). 이러한 전제를 인정한다면 일과 노동의 개념은 의문이 제기된 시점, 장소 및 삶의 체험에 따라 다양하게 정의되기 마련이다(김어상, 1996). 여기서는 여러 욕구이론 중에서 ERG이론을 간략히 소개하며 일의 동기를 살펴보고자 한다.

이 이론은 여러 욕구이론 중에서 보다 실증적이고 현실적이라는 평가를 받는(오민지, 이수영, 2017) Alderfer의 ERG이론을 적용해 보면, 생존(existence needs), 관계(relatedness needs) 그리고 성장욕구(growth needs) 세 가지로 설명할 수 있다(조한라, 여영훈, 김준수, 2019).

생존욕구란 생존을 위해 필요한 생리적, 물리적 욕구를 말하며 임금, 작업조건 등과 같은 욕구를 뜻하고, 관계욕구는 가족, 친구 및 직장 동료 등 인간관계와 관련된 모든 욕구를 포괄한다. 또한 성장욕구는 개인의 창조적 성장, 잠재력의 극대화 등 성장을 위한 내적 욕구를 뜻한다. 즉 일경험을 통해 인간은 자신에게 결핍되거나 필요한 욕구들을 충족시키며, 다양한 보상물을 획득하여 일상에서 활력을 얻고 보다 윤택한 삶으로 나아갈 수 있다. 아울러 일을 통해 배움과 성장의 기회를 갖고 자기가치감을 획득해 나가며 자신의 위치를 가늠해 갈 수 있다. 아울러 국가적으로는 사회공동체와 인류 발전을 이루어가는 원동력이 된다.

아울러 일개념은 성별에 따라 논의될 필요도 있어 보인다. 진로발달 단계를 남녀 구분 없이 성장기, 탐색기, 확립기, 유지기, 쇠퇴기(Super, 1957)로 구분할 수도 있으나, 보통 여성들은 결혼, 출산과 육아와 같은 발달과업으로 인해 경력개발이 중단되거나 새로운 직업 탐색의 도전을 해야 하는 경우도 많기 때문이다. 예컨대 진로발달이론을 제시한 Ginzberg(1966)는 여성의 생활양식을 가정주부지향형인 전통형, 직무보다 가정을 더 강조하는 전환형, 직무와 가정을 동등하게 강조하는 혁신형 세 가지로 구분하였다. 하지만 최근 우리 사회는 여성들의 적극적인 사회참여와 가족관에 관한 가치의 변화로 가정보다 직무를 더 강조하는 생활양식도 증가하고 있다. 이처럼 여성은 결혼과 자녀 유무, 자녀의 연령, 직업 생활 유무 등과 같은 주요 사건을 중심으로 일경험의 다른 경로를 지니게 된다. 이러한 이유로 여성의 일, 진로와 직업세계를 다루기 위해서는 남성의 진로 발달과 구분하고, 여성에게 부과되는 역할과 역할들 사이의 균형에 대해서 살펴보는 과정이 필요한 것이다.

특히 환경은 인간과 어떤 형태로든 영향을 주고받으므로 물리적으로 공간을 이동하는 이주민들에게 일의 개념은 다를 것이다. 이주민 관련 연구에 따르면 여성이주노동자의 노동환경은 남성보다 더 취약하다. 탈북여성들 역시 '탈북', '여성노동자'라는 이중고의 대상이 되어 한국사회에서 더욱 복합적인 차별 경험을 할 수 있다. 반면, 직장 유지를 지속하거나 자신의 직업에 만족할 경우 그들은 소속감을 갖고 그가 속한 사회에 기능적으로 적응하며 정보를 습득하고 새로운 자아를 발견 및 확대하는 등(전주람, 신윤정, 2019) 긍정적인 경험으로 적응을 돕기도 한다. 종합하여, 이와 같은 일개념에 대한 본질적인 탐구는 어떤 현상에 대한 문제의식과 분석의 틀을 제공한다는 점에서 유용한 일이다. 특히 이 저술에서 초점을 두는 탈북이라는 특수한 사건을 경험한 북한이주민들에게 일은 어떠한 의미로 다가오는지 다이내믹한 생생한 증언을 통해 함께 살펴보고자 한다.

3. 일의 심리학 이론을 통해 살펴보는 일개념의 변화

일은 인간의 삶에서 핵심적인 부분으로서 고유한 역할들을 수행해 오고 있다. 일례로, 대다수의 일은 임금노동의 성격을 갖고, 노동에 대한 대가로 수입을 제공하고 생계를 유지하게 해 왔다. 일은 사회적으로 다른 사람들과의 연결과 협력을 통해 타인과의 관계를 형성하고, 더 나아가 사회에 기여하는 결과물들을 도출해 냈다. 또한 지속적인 학습과 성장의 기회를 제공하며, 일의 즐거움과 만족은 심리적인 안녕감 및 신체적 건강 등 인생 전반에 긍정적인 영향을 끼치며 삶을 의미 있게 만들어준다.

이러한 일이 개개인의 삶에 미치는 영향은 일의 특성과 일의 개념과 밀접하게 관련되어 있는데, 일의 특성과 개념은 시대와 문화에 따라 변화해 왔다. 산업혁명 시기가 도래하기 이전의 시간들에서는 일은 개인이 진로나 일을 자신의 흥미나 특성을 고려해서 선택한다기보다 대부분 상속되거나 직업의 종류가 사회 계급에 따라 정해진 경우가 주를 이루었다. 산업혁명 이후 일의 형태가 변화하면서 농경사회를 벗어나 공업 등 다양한 분야 내에서 일자리가 창출되면서 일에 대한 개인의 선택 가능성이 확대되었다. 이후, 20세기 초반에는 고등교육의 발달과 더불어 일을 하는 환경의 질에 대한 개인의 관심도 높아져 갔고, 이에 정규직과 같은 직업의 안정성, 경력의 장기화가 중시되며 단순히 일을 하는 것에 그치는 것이 아닌 진로 발달에 관심을 기울이기 시작했다. 20세기 중후반은 정보화시대로 접어들면서 기술 분야의 일자리가 늘어났고, 이후 창업, 프리랜서, 유연한 일자리 등의 다양한 진로 모델과 경력 옵션이 창출되었고 확산되어 왔다.

하지만, 이러한 다양한 일의 개념과 종류의 변화에 대한 관심과 논의들은 주로 고등교육을 받은 중산층 이상 사람들의 일경험과 진로 발달에 중점을 두어 왔다는 점에서 최근 비판의 목소리가 커져 가고 있다. 즉, 사회경제적 지위, 고용의 안정 등을 획득할 수 있는 좋은 일(good work)보다 기본적인 욕구를 충족시킬 수 있는 그럭저럭 괜찮은 일(decent work)도 갖기 어려운 다수 사람의 일경험이 무시되고 가려져 왔다.

이에, 최근 등장한 일의 심리학 이론(Psychology or Work Theory: PWT)에서는 일이 임금노동뿐 아니라 돌봄노동 같은 비임금노동을 포괄하는 개념으로 확대하고, 비정규직 노동이나 실업 등의 다양한 노동의 특성을 포괄한다. 이에 더하여, 일을 통해 충족하고자 하는 인간의 욕구가 자아실현만 있는 것이 아니라, 생계유지나 사회의 일원으로서 소속감을 느끼고자 하는 욕구 등 다양할 수 있음을 제안한다.

PWT의 핵심 가정

Blustein, 2013

- 일은 삶의 주요한 영역이자, 정신건강의 핵심 구성요소이고, 일과 일 외적 경험들은 서로 밀접하게 관련된다.
- 일은 임금(시장)노동과 비임금노동을 모두 포함한 개념으로, 인간의 생존, 사회적 연결, 자기실현 욕구를 충족시킨다.
- 일을 잘 이해하기 위해서는 그 시대의 사회 · 경제 · 정치 · 역사적 요인들이 면밀히 고려되어야 한다.

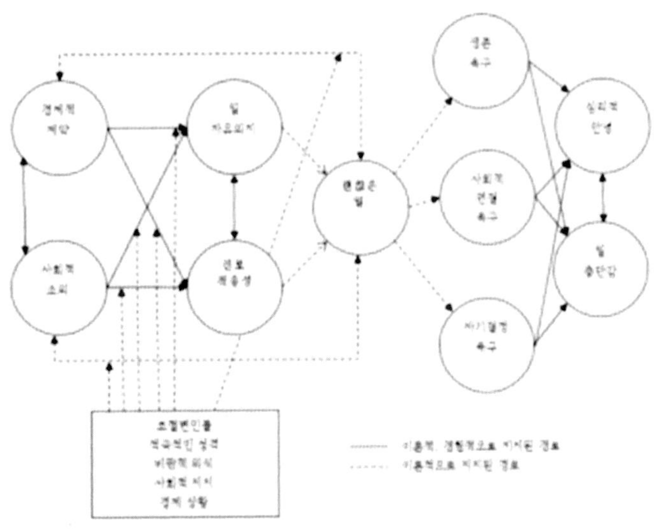

〈PWT 이론적 모형[4]〉

특히 이 이론은 빈곤 상황이나 사회적으로 차별과 소외를 경험한 자들을 이해하기 위해 개발된 이론으로 북한이주민들의 일세계 경험을 이해하는 데 도움이 된다. 필자들은 Duffy et al.(2016)이 제시한 일의 심리학 이론에 동의하는바, 본 저술에서 이해하고자 하는 북한이주민과 일세계와 관련된 여러 논의에서 PWT 이론의 일 개념이 매우 중요한 논의의 중요한 키워드가 될 것이라 생각한다.

4 Duffy et al.(2016)의 일의 심리학 이론 모형을 안진아, 정애경(2019)이 「일의 심리학 이론의 한국 진로상담 적용 방안」이라는 논문에서 제시한 내용임을 밝힌다.

2장 북한사회에서 일개념과 목적, 그 의미

1. 북한에서의 일개념과 목적

1) 북한에서, 일이란 무엇인가

북한은 '하나는 전체를 위하여, 전체는 하나를 위하여' 집단주의 원칙이 권리와 의무를 갖는 사회주의 국가이다(윤보영, 2021). 즉 수령에 대한 충실성은 사회주의 생활윤리의 최고로 꼽힌다.

'사회주의 로동법' 제4조와 5조에 따르면 노동자들은 재능에 따라 직업을 선택하고 국가에 의해 안정된 일자리와 노동조건을 보장받을 의무와 권리를 가지고 있다(이수연, 2022). 하지만 북한 노동시장의 실상은 다르다. 당이 직장배치의 결정권을 가지며 계획경제체제의 운영과 연동되어 노동력을 필요로 한 곳에 필요한 규모로 배치한다. 즉 북한에서의 '노동'은 국가를 위한 애국적 행위로 의무적인 행위(이의진 외, 2021)로 남한사회와 같이 자신이 하고 싶은 일을 하며 자기실현이 중심이 되지 못한다. 따라서 일에 대한 급여를 제대로 받지 못하더라도 항변하거나 자신의 권리를 찾을 길은 거의 없다. 심지어 일부 탈북자 증언에 따르면 수입은 전혀 없고 오히려 돈을 직장에다 지불하며 다니는 경우도 있다.

> 한국 돈으로 계산하면 음 어떻게 해야 되는가. 중국 위안화하고 대비를 해야 되는 거죠. 그러니까 중국 위안 백 원이면 북한 돈으로 13만 원이에요. 입쌀 1kg에 6,000원이거든요. 6개월을 벌어야 1kg을 사 먹게 되는 거죠. 그러니까 아무 직장을 나간다고 했을 때 아무 이득이 없는 거죠. (국가과학원○○연구사

출신, 2014년도 탈북, 50대 여성)

특히 북한의 역사를 보면 1990년대 고난의 행군을 기점으로 일 개념과 목적, 동기도 변화해왔음을 알 수 있다. 심각한 경제난과 기아 문제는 사회적 이탈로 이어졌으며 더 이상 국가에서 배분하는 노동과 식량만으로는 버틸 수 없었으므로 가내수공업과 장마당 형성을 확대시켰다. 이후 여성들은 적극적으로 장마당에 참여하며 돈과 자본을 축적해 나갔고, 일자리 선택과 돈, 자본의 이동에 따라 계층의 변화까지도 기회로 삼는 경우들이 증가하였다.

2) (당사자 증언을 통해 살펴보는) 북한에서의 일경험: 1세대 국가과학원 출신 탈북여성

1세대 국가과학원 출신 탈북여성의 북한에서의 일경험

북한이주민들은 북한에서 어떠한 일경험을 하는가. 그들이 북한의 어느 지역에 살았었는지, 어떠한 가족성분으로 태어났는지 등 지역, 출신성분 등이 그들의 진로와 직업에 지대한 영향을 미쳤을 것이다. 여기서는 2014년도 탈북한 50대 여성의 이야기를 통해 북한에서의 그녀의 일상을 대략적이나마 추측해 보고자 한다. 그녀는 국가과학원○○연구사 출신이며, 북한에서 화학을 전공하여 사회적으로 인정받는 한 연구원의 연구사로 일하였다. 구체적으로는 연구원에서 분산림관련 분석공을 했었고, 당에 대한 사명감이 충만한 상태였다고 증언하였다.

사례: 국가과학원○○연구사 출신
(2014년도 탈북, 50대 여성)

연구사 수기작업

8시에 나가서 12시에 들어왔다가 밥 먹고 1시부터 5시까지 근무를 했지. 근처에 있는 사람들은 다 집에 가서 밥 먹고 하고 거리가 좀 먼 데 있는 사람들은 점심 도시락 싸가지고 오는 거죠. 자전거로 타고 다니고… 분석공이었어요. 토양 분석부터 시작해서 엽록소 분석까지를 봐야 되는 거죠. 연구 과제들을 수행 했으면 위에다 올려 보내야 되는데 이거를 다 글로 써서 보내는 거죠, 연구를 했으면. 워드로 하는 게 아니라 다 직접 손으로 써서 합니다. 볼펜으로 다 써서 올려 보내거든요, 자료로요.

(당에 대한)사명감으로…

사명감이라는 게 내가 거기에 일단 배치가 됐으니까 당원은 아니지만 내가 거기에 배치돼서 일을 하면 당에서 인부다 하고 생각을 하는 거죠.

입남 후, 그녀는 북한에서처럼 연구직에 종사할 기회를 얻기에는 연구능력과 컴퓨터 행정능력 등 모든 면에서 불충분했다. 그래서 우선적으로 통일부 지원으로 직업전문학교를 졸업하였고, 이후 전산회계 2급, 1급 전산 세무 등 자격증 6개를 취득한 후 학원 컴퓨터 선생으로 취업하였다. 하지만 그녀가 다녔던 학원은 원장이 한국분과 북한분 둘이었었는데 그 두 경영자의 다툼으로 싸움이 났고 그녀는 월급의 일부를 받지 못하고 나오게 되었다. 이후 그녀는 관광버스 회사 경리와 약국에서 약사 보조, 사회복지사로도 근무하였다. 특히 약국에서는 그녀가 유기화학을 북한에서 공부했던 탓에 빠르게 여러 업무에 익숙해질 수 있었고 원장님이 매우 흡족해하셨다고 했다.

하지만 약국이 경제난으로 폐업하면서 일을 그만둘 수밖에 없었다. 이후 그녀는 한 사회복지기관에서 근무하였다. 어느 날 복지관 외부행사 중 그녀는 과로사로 119에 실려 가게 되었는데, 그 일로 관리자들로부터 눈총을 자주 받게 되었다. 결국 그녀는 얼마 버티지 못하고 주택관리 관련 사무직에 취업하였다. 면접때마다 그녀는 여러 자격과 다양한 분야에서 경력을 갖추었음에도 불구하고 여전히 북한식 말투로 지적받거나 '북한 사람'이라는 이유만으로 무시받거나 차별받은 경험을 토로하였다.

여전히, 무시하는 사람들

> (면접에서)북한에서 왔어요. 이렇게 했거든요. 그러니까 '아, 그래서 그러니까 말투가 그렇구나, 억양이 그렇구나' 그러는 거예요. (예전에는)한국 사람이라니까 무시를 안 하고 북한이라고 하니까 막 무시하는 거 있죠. 그런 게 있더라고요. 내가 나이가 있는데도 이렇게 상처를 느끼는데 20-30대 어린 사람들은 엄청 큰 그런 부담이 아닐까 싶어요.

그래서 그녀는 지금도(남한출신 사람들에 비해) 뒤처지지 않기 위해, 온전히 남한 사람으로 살아가기 위해 '그날 일은 내일로 미루지 말자'라는 신조를 갖고 보다 나은 자기능력 확보를 위해 치열한 일상을 살고 있다. 그러니까 그녀는 완벽을 추구하며 일하므로 늘상 피곤한 편이라고 할까. 완벽을 추구하며 매우 바쁜 일상을 보내고 있다.

온전히 남한 사람으로 살고자 완벽하게: 포토샵, 일러스트

저만의 신조라고 생각하면 그냥 간단해요. '그날 일은 내일로 미루지 말자' 그날로 하자는 거죠. 그냥 그날에 내가 아침에 어떤 어떤 일을 해야 되겠다. 이렇게 계획을 해 놓고 살아요. 오늘 어떤 일을 해야 되겠다 하면 다음에 그날로 늦더라도 여섯 시에 칼퇴근을 해 본 적이 없어요. 거의…. 무리해서라도 나는 솔직히 최선을 다했어요. 그날 일은 그날에 했고 그리고 내가 이 회사에서 나오겠다고 생각하면 내가 한 일을 모든 일들 정확하게 딱 마무리하고 그만뒀거든요…. 지금은 포토샵하고 일러스트를 배웠어요. 일러스트 학원을 졸업했고 저녁에 퇴근하면 여섯 시, 여섯 시 퇴근하면 일곱 시 반부터 열 시까지 학원에 가서 월 수 금 학원에 가서 공부하고 그래요…. 나는 내가 완벽주의자인 줄은 몰랐댔어요. 우리 선생님도 저한테 그러시더라고요. 너무 완벽주의자죠?!

2. 한국사회에서 일하는 북한이주민들의 현주소

1) 진로진입 장벽과 일 유지의 어려움

북한이주민들은 어떻게 진로를 준비하는가. 또한 그들은 직장에서 어떻게 적응하고 살아가는가. 북한이주민들에게 직장은 사회경제적인 지위를 보장해 주는 최소한의 장치가 된다(강창구, 2012). 그들은 일경험을 타자와의 만남의 기회로 갖고, 그 과정을 통해 남한사회를 알아가고 자신의 가치관과 정체성을 정립해 나간다.

생활 전반에 대한 정보 터득

나름 뭐, 뭐인가. 인간 생활이라든가 살아가면서 어떻게 살아야 되는지. 여기 분들은 어떤 흐름으로 사는지 뭐 그런 걸 많이 배웠어요. 인간사회에 대해서 많이 배웠어요. 열심히 또 살아야 되는 건 기본이고요. 적금은 어떻게 넣어야 하

는 건지, 여러 가지 정보도 많이 듣죠. (20대, 남, 공무원)

이를 위해 정부는 북한이주민들이 안정적으로 취업하고 일할 수 있도록 지원해 왔고, 그 결과 최근 10년간 북한이주민의 고용률 등 생활 여건은 점차 개선되고 있다(KBS뉴스, 2023). 북한이탈주민의 경제활동 참가율은 2011년 56.5%였으나 2021년 61.3%로 올랐고, 월평균 임금 역시 같은 기간 121만 3천 원에서 227만 7천 원으로 상승하였다. 하지만 북한이주민의 다수가 단순 서비스직에 종사하는 등 직업의 다양성 확보는 아직 미흡한 실정이다.

북한이주민들이 보다 안정적인 일상생활을 영위하기 위해서는 일을 지속적으로 해 나가는 것이 필요한데, 현재까지 이루어진 연구 결과들에 따르면, 소수만이 원활한 직업 생활을 영위하고 있는 것으로 판단된다(연지은, 2019). 그들의 직장 유지를 방해하는 대표적인 요인을 세 가지로 정리해 볼 수 있겠다. 첫 번째로 여전히 '북한 사람'으로 취급하며 연민의 대상으로 바라보는 동정 어린 시선과 무시하는 태도이다. 이러한 한국사회의 편견과 고정관념은 오랜 시간 완화시키자는 노력이 있어 왔지만 여전히 그들을 직장에서 오래 버티지 못하도록 하는 주범이 되고 있다. 두 번째로 언어적, 문화적 차이이다. 일차적으로 북한식 말투는 직장 동료들과의 관계에서 정체성의 혼란을 일으키고 무시하는 동료들로 인해 위축감을 발생시킨다. 또한 문화적인 차이로 일찍 출근하여 정리 정돈을 하거나, 주변 동료들의 책상을 정리하는 등 공동체 의식의 차이(전주람, 신윤정, 2019), 경쟁사회와 상대적 빈곤으로 인한 문제 등 북한과는 다른 남한사회 전반의 문화에 단기간에 적응하기 어렵다. 세 번째로 남한 동료들과의 출발선이 다르다는 점이다. 한국에서는 취업을 위해 스펙 관리가 영유아기 때부터 일찍 이루어지는 편이다. 하지만 탈북한 경우 영어능력의 미흡, 지식의 부족, 자격증과 여러 활동 경험의 부족 등은 남한사회에서 열등감을 경험하게 한다.

따라서 북한이주민들은 자신들이 겪어야 할 여러 과업을 성공적으로 수행할 경우 안정적인 직업으로 경제적, 심리적 안전감을 경험하나, 그렇지 못한 경우 또래보다 늦게 출발하거나 노력함에도 불구하고 전략적으로 대처하지 못하거나 심리적인 취약성으로 인해 일하기를 포기하게 되는 경우도 발생한다.

특히 자신의 성격적 특성을 고려한 자기 선택이 강화된 사회문화적 분위기에 적응하며 직업을 그만두고 다른 직업으로의 전환을 시도하는 경우도 많다. 스튜어디스 출신의 한 탈북여성의 이야기를 살펴보자.

스튜어디스를 그만두고 창업을 준비하는 탈북여성

전주람은 그녀에게 '일'이라는 단어를 들었을 때 무엇이 떠오르냐고 물었다. 한국에서 스튜어디스로 성공 가도를 달리다 적성에 맞지 않는다는 이유로 그만두고 자신의 진로를 고민하고 있는 20대 후반 탈북여성을 만나보았다. 면담 과정에서, 연구자는 '괜찮은 일'의 조건에 관해 질문하였고, 그 질문에 관해 그녀는 '재미있게', '자유롭게' 할 수 있는 일을 매우 중요한 요소로 꼽았다. 그러면서 자신이 소위 잘나가는 스튜어디스였지만 조직체계에서 잘 맞지 않아 퇴사하였고, 새로운 회사를 스스로 창업할 계획중에 있다고 하였다.

전: '일'이라는 단어를 들으면 무엇이 떠오르세요?

조: 일이란 손을 쓰는 것, 손으로 노동으로 하는 일 처리. 그런 게 제일 먼저 떠오릅니다.

전: 그럼 어떤 일이 '괜찮은 일'이라고 생각해요? 어떤 조건들이나 요소들이 좀 있는 것 같아요?

조: 다른 사람들이 시키는 것은 바라지 않고 어떤 조직에 들어가서 일하는 것이 아니라 저는 제가 리드하고 싶었습니다. 근데 처음부터 내가 회사를 차릴 수는 없잖아요. 제가 원하는 거랑 완벽하게 드라마, 어떤 완벽하게 내가 생각하는 방향에 맞는 조직에 들어가서 일을 하고 싶었는데 그런 회사를 본 적이 없어요. 아마 있겠죠? 괜찮은 일은 지금 제가 하고 싶은 일은 만들어 하는 겁니다. 보스, 리더가 되고 싶습니다. 그런 기질이 있는 것 같고 그런 쪽으로 기울입니다. 제가 조금만 더 어릴 때 왔으면 꼭 구글 회사에 들어갔을 것입니다. 왜냐면은 재미있기 때문이에요. 사람들이 자유롭게 태어났는데 그런 것들을 마음껏 할 수 있는 분위기가 중요하지 않을까요?

전: 되게 정해진 일들이 많고 창의력을 발휘하는 시간이 별로 없었을 것 같은데요.

조: 네, 맞아요. 100% 맞는 말이고요. 언어나, 화법 들을 것들이 어릴 때부터 차단을 시켰습니다. 그래서 표현을 하지 않고 속으로 생각합니다. 그래서 거기에서 오래 살면 그런 것들에 익숙해지는데 저는 그러기 전에 나와서 그러지 않는 것 같고 보스 기질도 조금 있는 것 같습니다.

전: 몇 살 때부터 일을 했어요?

조: 저희는(북한) 특별하게 아이들을 가사 노동 시키고 부모님들은 밖에 나가서 일을 했습니다. 지금은 잘살고 하니까 아이들을 공부만 시키고 떠받들

면서 사는데 저는 옛날 시대처럼 살아서 그냥 온갖 가사일에 토끼 키우고 그다음에 고양이도 먹이를 먹이고 개도 먹이고 토끼를 먹이는 것이 제일 힘들었어요. 왜냐하면 토끼는 풀을 따와야 합니다. 그래서 힘들었던 것 같습니다. 대개 노동을 많이 했던 것 같아요. 근데 옛날에는 어린이들이 노동에 참여했었죠. (불만 없었어요?) 할머니가 그 일을 시켰어요. 시키고 그때는 일을 해야 되는 게 당연하다고 생각했습니다. 왜냐하면 하루를 힘들게 할머니가 일을 하니까. 어른들은 육체노동으로 벌어오니까 아이들이 잔잔한 노동에 참여합니다. 그리고 농촌지원이라고 14살부터 나갑니다. 아주 어린 나이에 그래서 당연히 일을 합니다.

위 대화는 그녀가 북한의 강압적인 체제에 잘 맞지 않았음을 보여준다. 또한 그녀에게는 위계질서가 있는 조직체계보다는 자유롭고 창의적인 일이 적성에 맞는 듯 하다. 즉 그녀는 보스의 위치에서 리더십을 발휘할 수 있는 일을 중요한 일 선택의 조건으로 여기고 있다. 그리고 그녀는 어린 시절 자신이 남한에서 태어난 친구들과는 달리 여러 가사 노동을 많이 했다고 증언하였다. 특히 토끼 먹이를 주기 위해 풀을 따는 일이 매우 힘들었다고 회상하였다. 그러면서 동시에 북한에서의 일경험은 그녀가 여러 새로운 상황에 적응할 수 있는 자원이 되고 있다고 지각하였다.

이 두 증언자를 통해 북한에서는 가족성분에 의해 다소 수동적으로 직업의 결정이 이루어짐을 알 수 있다. 반면 남한에서는 자기 선택권이 모두 열려 있는 환경에서 '탈북자'로서 자신이 할 수 있는 일을 찾아 나가며, 자신이 어떠한 직업에 종사하는 것이 적합한지를 찾아나가고 있다. 물론 선택지가 많은 환경이 그들에게 더 큰 행복을 안겨주는지는 의문이다.

‖ 참고문헌

김어상. 1996.「노동개념과 종교심성」.『社會科學硏究』 5(0), 41-58.

미셸 마페졸리 · 앙리 르페브르 외. 2016.『일상생활의 사회학』.

시사상식사전. 2023. 알파세대. https://terms.naver.com/entry.naver?docId=5670166&cid=43667&categoryId=43667.

안진아 · 정애경. 2019.「일의 심리학 이론의 한국 진로상담 적용 방안」.『상담학연구』 20(2), 207-227.

연지은. 2019.「북한이탈주민의 취업 관련 정보 요구 및 정보 행위 분석」. 연세대학교 문헌정보학 석사학위논문. 2019.

오민지 · 이수영. 2017.「행복의 결정요인에 관한 연구」.『한국행정논집』 29(3), 489-508.

윤보영. 2021.「북한사회 뇌물의 사회적 맥락」.『문화와 사회』 29(1), 39-90.

이수연. 2022.「북한의 노동력 배분제도」.『법학논집』 26(4), 183-210.

이승계. 2007.「대학생의 노동경험과 직업선택의 관련성 연구」.『인적자원관리연구』 14(2), 123-141.

이의진 · 박영균 · 박솔지 · 전영희. 2021.「북한이탈주민의 초점집단면접을 활용한 북의 직업관 연구」.『통일인문학』 85, 51-85.

이종영. 2010.「노동의 개념」.『진보평론』 43, 181-203.

전주람 · 신윤정. 2019.「북한이주민들의 남한사회에서 직장 유지경험에 대한 질적사례연구」.『통일과 평화』 11(2), 351-397.

조순경. 2000.『노동과 페미니즘』. 이화여자대학교출판부.

조한라 · 여영훈 · 김준수. 2019.「직급에 따른 사회복지사의 소진 영향요인: Alderfer의 ERG이론에 기반하여」.『한국사회복지행정학』 21(3), 1-23.

Blustein, D. L. 2013. The psychology of working: A new perspective for a new era. In D. L. Blustein (Ed.), The Oxford handbook of the psychology of working (pp. 3–18). Oxford University Press.

Duffy, R. D., Blustein, D. L., Diemer, M. A., & Autin, K. L. 2016. The psychology of working theory. Journal of Counseling Psychology, 63, 127-148.

Ginzberg, E. 1966. Psychology and manpower policy. American Psychologist, 21(6), 549–554.

KBS뉴스. 2023. https://news.kbs.co.kr/news/pc/view/view.do?ncd=5505026&ref=A

Savickas, M. L. 2011. Career counseling. American Psychological Association.

Super, D. E. 1957. The psychology of careers; an introduction to vocational development. Harper & Brothers.

제2부

당사자 사례를 통해 살펴보는 북한이주민과 일세계

○

2부에서는 당사자 사례를 통해 살펴보는 북한이주민과 일세계라는 제목으로 북한에서의 일경험과 입남 후 직장 유지 관련 보호 및 장벽 요인은 무엇인지, 또한 남한 출신 종사자들의 시각에서 북한이주민들과의 일경험은 어떠한지에 관해 양방향적으로 살펴보고자 한다. 그들의 증언을 통해 사회적 낙인의 대상이 되어 온 북한이주민들의 일세계에서 어떠한 현상들이 나타나는지 그들의 욕구와 고민, 역경을 극복하기 위한 자원들을 살펴보게 할 것이다. 그리고 사례에 기반하여 북한이주민들과 근무하는 남한 출신 종사자들의 경험을 살피며 남북인이 조화롭게 근무할 수 있는 환경과 관련한 논의들을 정리하며 미래 한국사회 남북인이 조화롭게 일할 수 있는 '진로/직장/남북인의 조화'라는 키워드를 중심으로 사회적 전망과 논의 이슈들을 담고자 한다.

제1장 북한에서의 일경험과 입남 후 직장 유지 관련 보호 및 장벽 요인

이 장에서는 북한이주민의 남한 직장 경험을 살피고자 한다. 본 장에 기술된 생생한 증언은 「북한이주민들의 남한사회에서 직장 유지경험에 대한 질적사례연구」(전주람, 신윤정, 2019), 「50-60대 북한이주남성들의 일경험에 관한 질적사례연구: 일의 심리학 이론을 중심으로」(전주람, 신윤정, 2022)[1]에서 전문가와 당사자의 협력을 통해 수집되었다.

1. 다양한 배경을 지닌 연구참여자

1) 〈북한이주민들의 남한사회에서 직장 유지경험에 대한 질적사례연구〉 연구에서 만난 5명의 북한이주민들

「북한이주민들의 남한사회에서 직장 유지경험에 대한 질적사례연구」(전주람, 신윤정, 2019)에서는 서울의 ○○종합사회복지관과 협력하여 참여자를 모집하였다. 해당 지역에 거주자로서 복지관을 이용하고 있는 북한이주민들 중 참여자 2인을 선정하였고 그들을 중심으로 추가로 소개받아 최종 대상자를 선정하였다. 성별, 학력

1 이 장에서 소개한 연구는 모두 게재된 해당 학회의 재수록 동의를 얻어 재구성하였음을 밝힙니다.

등에 특별한 제한을 두지는 않았으나, 이 연구의 주제에 관련하여 자신의 경험을 풍부하게 드러내 줄 수 있는 참여자를 선정하고자 최소 1년 이상 근속한 경험이 있으며, 남한 동료와 어우러져 직장 생활을 유지하고 있는 경우의 두 가지 조건을 기준으로 두었다. 직장 문화에 적응하기 위해 걸리는 시간을 1년으로 기준 삼아 남한 출신 관리자와 북한 출신 근로자를 표집하여 진행된 연구(김중태, 김광웅, 문병기, 2016)와 처음 취업하고 조직에서 기대하는 업무 수행 능력을 갖추고 적응하는 데 최소 8-9개월의 시간이 소요된다는 선행연구 결과들(채창균 외, 2005)을 바탕으로 근속 기간을 선정하였다. 이와 더불어, 1년은 인간관계에서 충분한 시행착오와 업무를 겪었으며 스스로 직장과 자신의 능력에 대해 평가하는 시간으로 충분하며, 인간관계의 양상을 살필 때 최소 1년 이상 한 집단에서 생활할 때 지속적인 관계를 통해 긍정적인 관계뿐 아니라 실패 및 시행착오 등 다양한 관계 양상을 경험할 수 있는 시기라고 보았다. 특히, 직장의 경우 매년 사업의 계획과 예산이 편성되는 등 분기별로 변화를 맞이하는 경향이 있으므로 1년은 직장 생활 경험을 증언하기 위한 최소한의 조건이 될 수 있다. 이러한 기준을 통해 연구참여자로 선정된 북한이주민의 인구통계학적 정보는 다음과 같다.

〈표 1〉「북한이주민들의 남한사회에서 직장 유지경험에 대한 질적사례연구」 참여자의 인구통계학적 정보

	연령	성별	직업	학력	탈북 시기	근무 연수	거주지	혼인 상태	직장 형태
1	40대 후반	여	상담사	전문대학 졸업	2010년 초반	2년 9개월	서울	기혼	공공기관
2	40대 중반	여	회사원	고등학교 졸업	2000년 초반	12개월	경기	기혼	대기업
3	40대 중반	여	요양 보호사	대학 재학	2010년 중반	13개월	서울	이혼	소규모 사업장
4	30대 후반	여	회사원	대학 재학	2010년 초반	12개월	경기	기혼	소규모 사업장
5	50대 중반	남	학원 강사	대학 졸업	2000년 중반	4년 8개월	서울	기혼	소규모 사업장

자료수집은 2017년 9월부터 2018년 1월까지 약 5개월간 진행하였고, 개인당 3회의 인터뷰를 반구조화된 질문지를 사용하였다. 각 회기별 인터뷰 소요 시간은 평균 약 2시간이었다. 인터뷰는 참여자가 거주하는 아파트 단지 내 도서실 혹은 참여자 직장 소재지 부근 커피숍 등에서 실시하였다. 심층면담은 Seidman(2013)이 언급한 세 단계의 방법으로 진행하였다. 첫 번째 인터뷰에서는 참여자의 전반적인 생애사를 탐색해 나갔는데, 이는 편안한 분위기를 조성하였고 신뢰로운 관계 맺기를 가능하게 해 주어 연구 주제의 진실된 내용을 밝히고자 하는 노력에 기여하였다. 아울러 연구자 역시 연구 주제에 관한 정답을 얻고자 하는 성급함에서 벗어나고자 노력하였다. 구체적으로, 탈북 동기와 과정, 취업 동기와 실패 경험, 남한의 직장 생활에서의 적응상 어려운 점 및 북한과 비교하였

을 때 장점, 상사와 동료들과의 관계 등을 중심으로 면담을 진행하였다. 이와 더불어 직업과 수입, 근무 연수, 거주 지역 등 인구사회학적 정보도 수집하였다. 두 번째 인터뷰에서는 남한에서 직장 생활을 하면서 업무에서 겪은 어려움, 이를 극복하기 위한 개인적인 노력 및 동원한 자원, 북한 출신으로서의 강점 등 직장 생활과 관련된 보다 세부적인 내용을 탐색하여 이 연구의 주제에 보다 다가갔다. 이를 통해 참여자는 직장과 일의 의미와 직장 생활의 고충, 직장 생활을 유지하게 하는 자원, 신념과 가치관 등에 대해서 증언하였다. 그리고 마지막 면담에서는 참여자가 자신이 경험한 것의 의미를 반추하는 데 초점을 두었는데, 남한사회에서 취업하여 일한다는 것이 가지는 의미, 직장 생활을 지속하게 하는 동기나 이유 등에 관한 내용으로 면담을 진행하였다. 인터뷰 내용은 모두 연구자들 간 상호 충분한 토론과 합의하에 확정하였다. 구체적인 질문은 다음 표와 같다.

〈표 2〉 직장 유지경험 관련 면접질문 내용

회기	질문 내용
1회기	탈북 동기와 과정, 취업 동기와 실패 경험, 남한의 직장 생활에서의 어려운 점 및 장점, 상사와 동료들과의 관계
2회기	남한에서 직장 생활을 하면서 북한이주민으로서 경험한 내용으로 업무의 어려움, 이를 극복하기 위한 노력, 북한 출신자로서의 강점
3회기	남한사회에서 취업하여 일한다는 것의 의미, 직장 생활을 지속할 수 있도록 해 주는 동기나 이유

2) 〈50-60대 북한이주남성들의 일경험에 관한 질적사례연구〉 연구에서 만난 4인의 북한이주민들

다음으로, 「50-60대 북한이주남성들의 일경험에 관한 질적사례연구」(전주람, 신윤정, 2022)의 절차는 다음과 같다. 본 연구의 연구참여자들은 북한이주남성들과 라포 형성이 된 현장에서 근무하는 복지 전문가들로부터 참여자를 추천받는 세평적 사례선택 방식(reputational case selection)과 더불어 또 다른 참여자를 소개받는 눈덩이 표집 방식(snowball sampling)을 활용하여 모집되었다. 이를 위해 서울 소재 ○○종합사회복지관과 협력하여 해당 지역에 거주하면서 일경험이 있는 북한이주남성 2인을 추천받고 그들을 중심으로 연구참여자를 소개받는 방식으로 최종 연구참여자를 선정하였다. 학력, 경제적 계층 등에 따라 표집에 제한을 두지는 않았으나, 일경험에 관한 자신의 인식을 충분히 표현할 수 있는 이들을 선별하기 위해, 북한과 남한에서 적어도 각 한 가지 이상의 노동을 한 50-60대 남성이어야 한다는 기준을 세웠다. 이러한 기준을 통해 연구참여자로 선정된 북한이주민의 인구통계학적 정보는 다음과 같다.

〈표 3〉「50-60대 북한이주남성들의 일경험에 관한 질적사례연구」 참여자의 인구통계학적 정보

	연령	성별	고향	북한에서의 직업 경험	남한에서의 직업 경험	현재 직업	가족 구성원	미래 희망 직업
6	50대 중반	남	청진	제지공장 수송반 트랙터 운전	도시락 납품회사, 생필품 도매업	봉사단체에서 활동	4인(단신탈북 후, 아내와 자녀 입남)	사회복지 관련업무

	연령	성별	고향	북한에서의 직업 경험	남한에서의 직업 경험	현재 직업	가족 구성원	미래 희망 직업
7	60대 초반	남	장진	부품 수리 쇠 깎는 일 중앙당 생산기업소	일용직 노동, 핸드폰 부품회사, 마트, 물건납품, 패스트푸드, 배달	학교 청소	2인(북한에서 결혼한 전처와 이혼, 한국에서 조선족과 재혼, 아들은 한국 거주 및 독립)	현재 직업 유지 희망
8	60대 초반	남	무산	철광 캐는 일 굴착기 가동	일용직 노동, 굴착기 수리	건물 관리	1인(아내는 중국에서 팔려갔을 것이라 추측, 현재 소식 모름. 딸은 출가, 아들은 독립)	탁구장 운영
9	60대 중반	남	황해도	선전대 (노래)	일용직 노동, E호텔 관리	기계 관리	2인(아내와 자녀 두 명 북한 거주, 남한에서 탈북 여성과 재혼)	현재 직업 유지 희망

북한이주남성을 대상으로 일경험에 대한 자료를 수집하고자 2021년 3월부터 4월까지 약 2달간 서울에 거주 중인 연구참여자 4명에게 연구목적과 참여방법을 자세히 설명하고 동의를 구하였다. 이후 질적사례 연구방법론을 활용하여 총 2회 개별 인터뷰를 하였다. 면접 시간은 회당 2시간 실시하였다. 반구조화된 형태의 질문지를 준비하여 진행하였고, 일경험에 관한 참여자들의 인식

을 끌어내는 것을 목표로 삼았다. 개별 심층면담은 Seidman(2013)이 언급한 세 단계로 진행하였다. 첫 번째 단계에서는 복지 실무담당자를 통해 연구의 목적 및 면담방식 안내, 공식적인 동의 절차를 거쳤다. 두 번째 단계에서는 연구참여자를 집단면담 하여 연구개괄 및 질문내용에 관하여 자세히 설명하였다. 질문지를 미리 배부함으로써 북한과 제3국, 남한에 입국하여 어떠한 일경험을 했는지 생각하는 기회를 갖도록 안내하였다. 세 번째 단계에서 연구자는 연구참여자 개인당 2회 인터뷰를 반구조화된 면담방식으로 진행하였고, 각 회기별 소요 시간은 평균 약 2시간이었다. 인터뷰는 참여자가 방문 경험이 있는 거주지 부근 서울 소재 ○○종합사회복지관 내 교육실에서 실시하였다. 첫 번째 회기에서는 연구참여자의 생애사에 초점을 두고 탈북하게 된 동기, 가족탈북 여부 및 북한의 잔여 가족, 일경험 내용에 관한 전반적인 내용을 탐색했다. 이와 더불어 경험한 직업 종류, 거주 지역, 고향, 나이 등 인구사회학적 정보를 중심으로 면담을 진행하였다. 아울러 자신이 흥미를 갖고 있는 일과 직업, 스스로 인식하는 일 선택 및 유지에서의 강점 및 장애물, 가족, 친구 등 심리사회 및 경제적 지지 정도, 자신이 원하는 일에 대한 탐색과 선택에 영향을 미치는 환경적 특성, 일경험에서 즐거웠던 점과 힘들었던 점 등 일과 직업에 대한 흥미, 희망과 선호 이유에 초점을 두어 살펴보았다. 그리고 두 번째 회기에서는 북한이주민이라는 배경 때문에 경험한 편견, 고정관념 정도, 북한이주민이라는 배경이 미래 자신이 하고 싶은 일에 미친 영향, 일경험에 미치는 개인 내 · 외적 영향요인, 일 미결정 상태이거나 결정에서 어려움을 느끼고 있다면 그 이유 등에 관한 북한이주남성들의 정체성과 직업 진로 간의 관계에 관해 이야기를 나누고 인터뷰 참여에 관해 느낀 점을 말한 후 마무리하였다. 구체적인 질문 내용은 다음과 같다.

〈표 4〉 북한이주남성연구 관련 면접질문 내용

회기	질문 내용
1회기 북한이주남성들의 일에 대한 개인적 특성, 기대 및 영향을 미치는 환경 요인 탐색 (약 120분)	• 일에 대한 흥미, 희망 및 선호와 이유 • 스스로 지각하는 '괜찮은 일' 하는 데 영향을 미친 강점과 장애물 • 여가 활동과 사회적 관계 • 자신이 원하는 일에 대한 가족, 친구, 사회 동료 등의 지지 정도 • 자신이 원하는 일에 대한 탐색 및 선택에 영향을 미친 환경의 특성 • 일경험에서 긍정적인 경험, 또는 부정적인 경험과 그 이유 • 일상적인 하루 패턴: 독립적-의존적, 체계적-임의적 등 • 남한사회에 적응하는 데 도움이 되었거나 도움이 되지 않았던 일경험
2회기 북한이주남성들의 정체성과 일경험의 방해요인 및 자본에 관한 탐색 (약 120분)	• 북한이주민이라는 배경 때문에 경험한 편견, 고정관념 유무 및 내용 • 북한이주민이라는 배경이 내가 앞으로 하고 싶은 일경험에 미치는 영향 • 일 미결정 상태이거나 직업 결정에서 어려움이 있었던 경험과 그 이유 • 일 방해요인을 극복하는 데 도움이 되었던 개인 내·외적 자원

2. 북한에서의 일경험과 그 의미

1) 북한에서는 어떻게 진로를 탐색하는가

북한사회에서는 일이 개인의 의지, 재능 및 선택과는 무관하게 당에서 강제적으로 부과하는 경우가 많다. 그 결과 북한이주민들은 흥미나 가치를 탐색하는 과정에서 자신의 욕구를 이해하거나, 자신의 자리를 유지하거나 역량을 강화하기 위해 노력한 경험은 전무한 경우가 많다. 이러한 자기와 직업 세계에 대한 이해와 더불어 직업 선택 과정과 연계된 일경험의 차이는 북한이주민의 남한사회 직장 생활 유지를 저해하는 근본적인 원인이 된다(김은숙, 2019). 즉, 이들은 개인의 재능, 성격, 적성 등이 고려되지 않은 채 정부의 정책 상황에 따라 직업이 정해졌던 경우가 많다. 또한, 남한에서는 원하는 일자리를 얻기 위해 일정한 자격 요건을 갖추는 과정이 필수적으로 요구되는 반면, 북한에서는 '자격증 같은 건 필요 없었다'고 증언하였다. 북한에서는 직무에 배치되는 경우가 많고 일하면서 사람들을 통해 자연스럽게 실력을 키우는 경우가 많았다. 또한 부모 1인이 투병할 경우 남은 1인이 필수적으로 일을 해야 쌀을 배급 받을 수 있다는 규정과 더불어 마땅한 지지 체계가 부재한 등의 사회적 구조로 인하여, 어린 자녀였던 연구참여자들이 부모를 돌보느라 진로에 대해 생각할 기회를 충분히 얻지 못하기도 하였다. 북한에서의 진로 탐색과 관련한 두 가지 주제는 다음과 같다.

〈표 5〉 북한에서의 진로 탐색

구분	주제
1	국가 정책에 따른 직업 및 진로 결정
2	부모 돌봄 역할로 인한 탐색 미흡

〈국가 정책에 따른 직업 및 진로 결정〉

그때 트랙터 졸업하고 사회 나갔는데 평양 돌격대에 걸린 거예요. 평양 수도건설이라고 3년 동안 일했어요. 그다음 철수해서 내려와서 제지공장에 다닌 거예요. 제지공장도 수송반이라고 있거든요. 공장에서 철도까지 다 연결되어 있어요. 기차가 들어와서 싣고 가는 거예요. 제가 한 일은 재처리 일이었어요. 저열탄인데 동력 돌려서 증기를 만들어야 종이를 만드는 거예요. (참여자 6)

○○광산 아세요? 철광석 하는 데에요. 아시아에서 크다고 해요. 매장량은 2백억 톤 돼요. 철강 캐는 거예요. 집단배치 받아서 고향에도 못 가고. 굴착기 했어요. (참여자 7)

〈부모 돌봄 역할로 인한 탐색 미흡〉

솔직히 말해서 꿈이라는 건 거의 못 꿨어요. 왜 그러냐면 우리 아버지가 뇌출혈 와 가지고. 아파서 아버지가 고모한테 가려다 못 간 거지. 아버지가 운이 좋았어요. 69년인가 70년에 평양 위원회 올라간 거지. 올라간 지 1년도 못 돼서 뇌출혈이 온 거예요. 갑작스럽게. 그래 가지고 내가 9살 때부터인가 6년 동안 병간호했어요. 15살 때까지. 학교는 가긴 갔는데 내가 뭐 하고 싶다는 거 생각 못 했지. 뇌수술은 안 하고. 평양에서 내려왔지. 반신불수 됐지. 반신 되어 가지고 사람이 활동적으로 많이 못 하니까 심장 판박이 오고 잡병 다 왔어요. 한 가정에 1사람은 무조건 나가서 일을 해야 쌀을 배급 줬어요. 우리 엄마가 나가 일을 한 거지. 그러다 보니까 집안 살림이고 아버지 간호고 약 받아 오고 약 받아 오고 매번 그거 한 거지. (참여자 7)

2) 몇몇 북한이탈주민들의 북한에서의 일경험

참여자 1은 공동체적인 분위기 속에서 일했던 경험을 회상하며, 육체적으로는 피곤했지만 마음은 편했던 북한에서의 직장 생활을 그리워하며 살아가고 있다고 하였다. 이에 반해 남한에서의 직장 생활은 정신적으로 복잡하다고 하였다. 참여자 3도 비슷한 경험을 보고했는데, 마음이 힘들 때 북한에서 18세부터 약 20년 동안 농장에서 일했던 경험을 떠올린다고 한다. 경제적으로는 넉넉하지 못하여도 서로를 챙겨주며 즐겁게 일했었고, 비록 열흘에 하루밖에 쉬지 못하는 환경에서 일했지만 마음만은 행복했었다고 하였다. 북한에서의 일경험과 관련한 세 가지 주제는 다음과 같다.

〈표 6〉 북한에서의 일경험

구분	주제
1	공동체적 분위기
2	일하는 동안 서로에 대한 감시와 관찰
3	생계유지의 수단

〈공동체적 분위기〉

머리를 비우는 북한사회에서 일할 때가 더 나은 것 같아요. 거기서는 끝나면 사람들 춤도 추고, 동네에서 뭐 같이 모이기도 하고, 흥도 있고… 여기는 그냥 일은 일대로 많고, 머리 써야 되고, 경계해야 되고, 경쟁해야 되고, 진짜 그런 거 같아요. 어떻게 보면 좀 과도한지 모르겠지만 몸에 안 맞는 옷을 입은 듯한? 그런 느낌이에요. (참여자 1)

〈일하는 동안 서로에 대한 감시와 관찰〉

북한에서는 니가 이거 들어? 그럼 나도 이쪽 들게. 그렇게 협동 쪽으로 가요. 군대 때도 가장 중요한 건 대중의 평가가 중요하거든요. 거기는 일주일에 한 번씩 생활총화 있잖아요. 친구 사이여도 일하면서 관찰하는 거야. 일단 일할 때 몸을 사리고 이러면 안 돼. 이왕 할 거면 잘한다, 이렇게 하는 거지. 안 하면 밤에 집에 못 가고 김일성이 신이잖아요. 너 왜 안 지켜 장군님이 이렇게 말씀하셨는데, 그렇게 하는 거지. 심문까진 아니어도 직장 사람끼리 모아놓고 그러는 거지. 그러니까 일을 남보다 떨어지지 않게 열심히 하는 거예요. (참여자 8)

이들은 탈북 후부터 입남 전까지 다양한 일을 하였는데, 주로 생명을 유지하고 기본적인 의식주 생활을 해 나가기 위한 생계형 수단으로 직업을 선택하였다. 예컨대 연구참여자 9는 입남 전 경유국이었던 러시아에서 극도로 추운 겨울을 보내게 되는데, 오갈 데 없는 처지에 운이 좋게도 한 교회 목사의 집에 취업하여 집수리를 해 주는 일을 맡아 숙식을 해결할 수 있었다.

〈생계유지의 수단〉

완전 생존이죠. 러시아에서 1년 있었어요. 그 주인이 고려인이니까. 사정을 잘 아니까 잘해 줬지. 거기 6개월 있으면서 한국으로 가려고 목사를 만났어요. 한국 가려고 목사를 계속 만나려고 했었어요. 그래서 알게 된 사람이 목사네 집을 수리해 달라고 하더라고요. 3개월 동안 그 집을 수리해 줬어요. 3개월 끝나니까 천 달러 주더라고요. 지금으로 말하면 인테리어지. 한 1천 달러 주더라고요. 지금 돈으로 백만 원 정도 되죠. 어쨌든 방도 주고 먹을 거도 주고. 뭐 돈 벌려고 간 게 아니라 겨울에 갈 데가 없으니까. 거기 얼어 죽어요. 평균 영하 60도거든. 보통이 20도 15도예요. 제일 추운 날은 평균 영하 30도. 벌목하는데 영하 40도 50도 얼음이 막 나온다니까. 얼어 죽어요. 그 당시 한 달에 돈 100만 원씩 주면서 먹고 재워준 게 난 고마운 게지. (참여자 9)

요약하자면, 북한에서의 진로 탐색과 일경험은 자율적이고 능동적으로 일세계를 경험하고 자기 개념을 확장해 나가기보다는, 주변인들의 시선을 고려하며 일하거나 배치된 일에서 주어진 몫을 하며 생계를 유지하는 수단에 가까웠다.

3. 남한사회 적응과 진로 개념의 변화

1) 북한이주민들에게, 남한사회에서의 일이란 무엇인가

북한이주민들에게 일은 다양한 의미를 가질 수 있다. 직장은 원만한 사회생활의 기반을 가질 수 있도록 경제적 능력을 키워주고(이종은, 2003), 남한사회에서 공식적인 지위를 부여해 주며(김미령, 2005), 그 신분을 토대로 자신의 소질과 능력을 발휘해 나갈 수 있다. 또한 이 과정에서 자기 가치를 발견해 나간다는 점에서 북한이주민들의 안정적인 남한사회의 적응에 가장 필수적인 요인이 된다(강창구, 2012). 즉, 북한이주민들에게 직장은 사회경제적인 지위를 보장해 주는 최소한의 장치이면서 동시에, 남한사회를 알아가고 가치관과 정체성을 재정립해 나가는 데 도움이 되는 남한 주민인 동료들과의 상호작용을 경험하는 사회적 장이다(김중태 외, 2016). 이처럼 다문화 배경 이민자들 혹은 이주민들에게 직장은 주류사회문화와의 연결성을 갖고, 주체적인 사회의 일원으로 생활할 수 있도록 돕는 요인이기에(Duffy et al., 2016), 새로운 사회에 적응하도록 하는 중요한 통로로 작용한다.

그럼에도 불구하고, 생계를 유지하는 것이 급한 북한이주민들에게 일은 생존을 위한 의무적 행위 이상의 의미를 갖지 못하였다. 연구참여자 6은 정착 초기 자신의 성격적 특성 및 재능을 고려하여 일을 선택할 겨를이 없었다고 보고하였는데, 그는 도시락 납품 회사, 중국 도자기 납품업, 벽지 도배 등 닥치는 대로 돈이 되는 일이라면 어디든 취업했었다. 즉, 직업을 선택하고 일해야만 했던 이유는 한국에서 살아남기 위해서였다.

그러나 일단 어느 정도 적응하고 나면 거주와 일 선택 등의 자유가 보장되는 남한에서 제2의 인생을 계획하였고, 봉사나 여가 생활 등으로 자신이 추구하는 가치를 좇기도 하였다. 이처럼 한국사회에서의 여러 일경험은 자율적이고 주도적인 자아를 형성해 나가는 과정이 되었다. 그들은 자신의 발전과 성장을 새롭게 경험하고 타인의 인정과 적절한 보상 경험 등을 통해 자신이 무엇을 원하는지, 또한 어떠한 삶을 살아가야 하는지 등을 성찰해 나갈 수 있었다. 한국사회에서 소수자로 살아가는 북한이주민들은 이주민으로서 의식주의 기본적인 욕구충족과 가족을 돌보는 책임감을 수행하면서도 자신의 현실적 한계를 수용하면서 자신에게 적합한 직업가치를 찾고 자신의 재능과 신체적 여건을 고려한 현실적인 일을 자율적으로 찾아간 것이다. 이는 자신의 심리자원을 파악하고 성격적 강점을 이해하고 일과 연관시켜 살아가는 것이 다른 문화를 경험하는 초기 정착이 과업인 이주민들의 삶에서 매우 중요함을 시사한다.

예컨대 연구참여자 6의 경우 체계적인 조직 생활이 자신의 성격에 적합하다고 판단했고, 연구참여자 7은 북한 중앙당에 선발되어 기업실태조사 등 관리감독 역할을 했었던 탓에 타인의 지시가 있는 일보다는 자신이 스스로 진두지휘해 나가는 일이 적합하다고 얘기했다. 그리고 연구참여자 9는 목수였던 아버지의 손 감각을 재능으로 물려받아 장판 마루를 깔거나, 찬장과 테이블, 계단, 이불장 등을 손으로 만드는 재능을 발휘하고 있다. 이처럼 연구참여자들은 자신이 지닌 강점을 인식하고 진로 선택과정에서 자신의 강점이 반영된 일을 찾아 나가는 것으로 나타났다. 요약하자면, 북한이주민들에게 진로 개념은 남한에서의 적응과 시간의 흐름에 따라 변화해 나간다고 볼 수 있다.

2) 일, 북한과 무엇이 다른가

남한과 북한은 체제를 비롯하여 다양한 차이점이 존재한다. 체제와 정책의 차이는 일경험에서도 차이를 자아냈는데, 남한사회와 북한사회의 일경험에서 차이점은 다음 표와 같이 드러났다.

〈표 7〉 북한사회와의 차이점

<table>
<tr><th>구분</th><th colspan="2">주제</th></tr>
<tr><td>1</td><td colspan="2">선택의 자유</td></tr>
<tr><td rowspan="3">2</td><td rowspan="3">자본주의 및 능력주의
사회의 인간관계에서 각박함</td><td>정이 메마르고 냉혹한 인간관계</td></tr>
<tr><td>각박한 사회</td></tr>
<tr><td>사기의 피해자가 됨</td></tr>
</table>

보다 구체적으로, 첫 번째로 이들은 시간 관리나 소비에서 자유로움을 느꼈다. 또한 4대 보험으로 병원 이용이 자유로운 등 이들은 다양한 복지제도에서 안정감과 기쁨을 느꼈다. 참여자 4는 계약직이나 학업과 육아를 병행하며 다닐 수 있음에 만족한다고 하였다. 연차나 여름휴가 등 쉴 수 있는 기간이 주어지는 것에 대해서도 만족감을 느꼈다. 일을 통해 기본 생활이 보장되고, 수입을 관리하여 자신의 외모를 꾸미거나 관리하는 등 자유롭게 사용할 수 있는 것이다. 비록 넉넉한 급여가 주어지지 않아 자신이 선호하는 여가 생활을 위한 넉넉한 비용을 마련하기 어려움에도 불구하고, 자신이 노력한 만큼 결과를 얻을 수 있다는 점이 대한민국과 북한 사회가 대비되는 점이라고 인식하며, 누구보다 성실하게 직장 생활을 하겠다고 다짐했다.

〈선택의 자유〉

지금 휴식일은 주말이면 무조건 쉬는 걸로 되어 있어요…. 근데 이번에는 설 추석에 쇤다고 5만씩 주더라고요. ○○집에서 5만 원 주고, ○○동에서 오늘도 5만 원 주더라고요. 또 월급 타면 옷 사 입을 수 있죠. 옷을 사 입었을 때 너무 좋죠. 스트레스 풀리고, 북한에 있을 때는 시장을 가면 옷도 못 사 입고 그랬죠. 근데 이제 멋도 좀 부리고 해요. (참여자 3)

북한은 거주의 자유, 이동의 자유, 언론의 자유 모든 것이 차단됨. 직업도 아버지가 탄광이면 자식도 탄광. 남한은 노동의 자유, 직업의 자유가 있어요. (참여자 4)

마음 편한 건 운전하는 게 젤 편해요. 시간도 있고. 뭔가 간섭이 없고 자유로운 생활을 할 수 있는 게 제 성격에 맞는 거죠. 마음이 편한 게 중요해요. 하기 싫은 거 억지로 하는 건 싫어요. 내가 열심히 한 만큼 보수가 다르고요. 그 대신 몸이 망가지는 거고요. 내가 원하는 만큼 얼마든지 할 수 있는 나라네요. 끝도 없이 할 수 있는데 몸을 망가뜨려서까지 해야 할 건 아니고. (참여자 4)

두 번째로, 이들은 자본주의 및 능력주의 사회의 인간관계에서 각박함을 느꼈다. 북한사회에서 직장은 문화공동체적 성격이 짙고 직장 단위별 결속력을 우선시하여, 상대적으로 남한사회가 지나치게 경쟁적이고 이기주의적인 측면이 강하고 정이 메마르며 냉혹하다고 인식하는 것으로 나타났는데(참여자 6, 8, 9), 이는 인간관계를 형성하고 유지하는 방식이 남북 간 차이가 있음이 드러나고, 북한이주민의 경우 문화공동체적 경향이 남아 있는 것으로 보인다. 그 근간에는 자본주의 체제인 대한민국 사회의 경쟁적이고 치열한 직장의 공기 및 분위기가 북한이주민의 입장에서는 다소 냉담한 태도로 인식된 것이라 이해된다. 또한 이들은 남한에서 사기를 당하기도 했는데, 이처럼 사기의 피해자가 됐던 경험은 이들에게 상처를 남기고 남한 적응을 저해하였다. 연구참여자들은 북한에서는 이러한 행태의 사기가 존재하지 않는다고 하였다. 마지막으로 이들은 일정한 배급이 있는 북한사회와는 달리 비용을 지불하지 않으면 음식이나 거주 등 생존에 필수적인 요소에도 지장이 생기는 자본주의 사회의 특성 역시 냉혹하다고 느꼈다.

〈정이 메마르고 냉혹한 인간관계〉

개별주의, 개인주의화 되다 보니까, 뭐 그러거니 하고 살고 있는 거 같아요. 인간으로서의 뜨거운 정이 좀 부족해요. 근데 우리나라 현실이 그러니까, 빨리빨리! (참여자 5)

항상 머리가 막 띵해요. 몸은 편할지 모르지만, 머리가 항상 꽉 차 있어서 비우지를 못해서 그런 것 같아요. 뭐라고 딱 집어서 말할 수는 없지만… (참여자 1)

첫째로 한국 사람들 일하기 싫어해. 내가 이거 커피 마시는 거. 이거 이거 이거 하나만 알아요. 딱 내 거만 하려고 해. 그러니까 다른 거 몰라요. 다른 거 하려면 당황해. 근데 북한 사람은 그런 게 없어요. … 거기 문화가 그래요. 서로 돕고 그런 게 많아요. 못사는 나라들이 원래 그렇잖아요. 이웃 간에 정이 있고요. (참여자 8)

〈사기의 피해자가 됨〉

남한에 들어와서 처음으로 한 일이 자동차 사서 일자리 주겠다고 했다 돈 날린 거. 차 준다 준다 하면서 돈만 받아 싹 사라진 거지. 천오백만 원을. 여기 남한 사람한테. (참여자 7)

나도 북에 가서 살고 싶지. 왜 그냐면 거기 나가면 내 친구들 다 있지. 뭐든 다 아니까. 발이 넓었다고. 솔직히 말해서 여기서 뭐가 있어. 눈 깜박하면 코 벼 갈 세상에. 내가 여기서 마음 주고 살 수가 없어요. 빽 돌아서면 끝이야. 거긴 사기꾼들이 그렇게 끓지 않아. 거긴 내가 좀 믿을 수 있고 그렇지. (참여자 7)

북한엔 없어요. 사기꾼이래 봤자 여기랑 성격이 달라요. 뭐 거기도 사기꾼 같은 새끼 이렇게 말은 해도 뭐 돈을 100원 빌렸어, 근데 못 받았어, 그럼 가서 막 때려도 법에 안 걸려. 맞을 짓을 했기 때문에 맞아도 싸. 그런 식이에요. 그렇다고 막무가내로 하면 안 되지만 법에 걸리거나 그게 없어요. 나 있을 때만 해도 그랬어요. (참여자 8)

〈각박한 사회〉

돈에 대한 가치가 너무 강하죠, 뭐 돈 없으면 집에서도 쫓겨나야 되잖아요. 제 집 아니면. 몇 개월 임대료 밀리면 강제 추방당하잖아요. 그런 것들이 현실적으로 북한에서는 제가 살던 집에서 돈 없어서 쫓겨날 걱정은 없거든요. 먹고,

뭐 배불리 못 먹고 이렇게 못 살아서 그렇지, 임대료로 쫓겨날 걱정은 안 하고 살 거든요. 그게 다르죠. (참여자 5)

종합하자면, 북한이주민들은 남한사회에서 자유롭게 소비하고 시간을 원하는 대로 쓸 수 있는 등 간섭이 적다는 것에서 만족감을 느꼈지만, 그만큼 각박하고 정을 느끼지 못한 채 고립감 등도 함께 경험한 것이다. 이는 공동체적인 분위기에서 오래 살아왔던 북한이주민들이 끈끈한 관계 속에서 느끼는 유대를 그리워하고 있음을 시사한다.

4. 북한이주민들의 직장 유지 관련 보호 및 장벽 요인

앞서서 살펴보았듯이, 북한이주민들에게 일은 생계의 유지를 가능하게 할 뿐만 아니라 새로운 정체성을 획득해 나가는 과정 그 자체로서 작용하며 사회의 적응을 돕는다. 일이 가지는 의미는 북한이주민들이 어려움에도 불구하고 직장 생활을 유지하도록 하는 보호 요인이 될 수 있다. 이와 관련하여 본 장에서는 북한이주민들의 직장 유지를 가능하게 하는 보호 요인을 보다 심도 있게 살펴볼 것이다.

그러나 북한이주민의 고용률(56.9%)은 전체 국민의 고용률(61.1%)보다 낮고(남북하나재단, 2019), 한 직장에 오래 근무하지 못하고 6개월 미만으로 이직하는 경우가 45.3%인 것으로 나타났다(허선행, 2011). 노동과 그에 제반되는 인적 교류는 북한이주민들의 생존을 가능하게 하는 환경이 될 수 있다. 그러므로 먼저 온 통일이라 불리는 북한이주민들이 일경험에서 어떻게 적응하려고 노력해 왔는지, 그리고 실제적인 직장 유지경험은 어떠했는지를 살펴보는 것은 향후 남한 출신 근로자들과 직장 내 문화 통합을 이끄는 제언의 기초 작업이라 볼 수 있다. 이와 더불어 개인의 삶에 일이 가지는 중요성에도 불구하고 북한이주민들이 직장을 유지하는 것을 어렵게 하는 장벽 요인도 함께 살펴볼 것이다. 보호 및 장벽 요인에 대한 개괄적인 내용은 다음과 같다.

〈표 8〉 북한이주민들의 직장 유지 관련 보호 및 장벽 요인 개괄

구분	대주제	소주제
보호요인 1	사회적 안전망 요인	시의적절하게 제공된 정부 보조금
		풍부한 의료 자원
		종교계의 지원
보호요인 2	관계적 요인	남한 동료와 지인들의 따뜻한 정서적 지지
		업무에 대한 지도와 조언
		유용한 일상생활 정보 제공
		전반적인 남한 문화 이해
		돌봄을 제공하는 동시에 책임감을 자아내는 가족
		북한이주민 네트워크
보호요인 3	자기 조절 요인	능동적으로 가욋일 하기
		두 얼굴로 지내기
		직선적 표현 자제하기
		남한 동료에게 적극적으로 다가가기
		북한 출신의 자존심과 오기
		업무 분야에서 전문성 갖추기
		자기돌봄
		낙관적 사고

구분	대주제	소주제
보호요인 4	보상 요인	생계유지
		소소한 보상의 즐거움
		자본주의 사회에 대한 이해
		인정과 지지의 경험
		심리내적 자원을 활용할 수 있는 일 선택
		미래의 설계
장벽요인 1	사회적 요인	능력이 아닌 출신에 따른 차별
		이념의 차이
		정보의 부족
		자격 취득 절차의 복잡함
장벽요인 2	개인적 요인	무리한 근로로 악화된 건강
		비극적 경험으로 인한 심리적 고통

보호 요인은 크게 사회적 안전망 요인, 관계적 요인, 보상 요인, 자기 조절 요인의 네 가지 요인으로 나누어볼 수 있겠다. 한편 사회적 안전망 요인이 자기 조절 요인의 자원으로 작용하여 이를 촉진하기도 하는 등, 이들 요인은 서로 상호작용하며 다른 요인을 촉진하는 특성을 지니고 있다.

1) 북한이주민들이 지속적으로 일할 수 있게끔 보호해 주는 요인: 사회적 안전망

사회적 안전망 요인에는 시의적절하게 제공된 정부 보조금이 포함된다. 연구참여자들은 국민연금, 기초생활 수급, 장애인 연금 등 정부 보조금이 일의 선택 및 유지과정에서 중요한 경제적 자본이 된 것으로 나타났다. 실제로 참여자 1은 건강이 악화되어 일을 그만두게 되며 생존 문제에 부딪혔다. 그런데 취업 준비자들의 취업 준비와 자기 계발을 지원해 주는 국가제도(내일배움카드)를 활용하여 무엇이든 배웠고, 기관에서 교통비와 합격 후 장려금을 지원받는다는 기대감으로 잘 적응했다. 그 후 컴퓨터와 회계 자격증을 취득하였고, 통일부 안내로 쿼터 제도가 있던 물류창고 회사에 취업할 수 있었다. 연구참여자 6의 경우 기초생활수급자로 등록되어 4인 가족 기준 월 180만 원의 수급비를 받는데, 수급비 외에도 쌀을 저렴하게 구입하고 병원비를 내지 않는 혜택을 받고 있었다. 이는 연구참여자 6이 급여가 없는 봉사센터에서 무보수의 봉사 업무를 지속하도록 동기부여 했다. 또한 연구참여자 7은 신장투석을 해야 하는 상황에서 장애인 연금을 받고 있었는데, 이러한 신체적 여건은 그가 고등학교 청소업무를 하루 중 4시간 정도만 일하며 병원에 다닐 수 있는 경제적 토대를 마련해 주었다. 연구참여자 9 역시 호텔 폐업으로 일자리를 잃게 되었을 때 실업급여를 받으며 다시 재취업하기까지 생활비로 든든한 생활자금이 되었음을 얘기했다. 이처럼 연구참여자들은 자신이 처한 환경에서 일 선택 및 유지의 과정에서 여러 정부 보조금 혜택을 경험하며 현재의 일을 유지하거나, 또는 실업 상태에서 재취업의 준비 기간 동안 생활비를 충당하는 등 일 선택 및 유지의 과정에 유익한 자본이 되었던 것으로 보인다. 또한 의료 지원을 받을 수 있어 남한에서의 고된 노동으로 인한 병뿐만 아니라, 북한에서 얻은 병을 고칠 수 있었던 것도 보호 요인이 되었다. 마지막으로, 각 종교계의 지원 역시 이들의 적응을 돕고 일을 지속하는 것에 기여했다.

〈시의적절하게 제공된 정부 보조금〉

나라에서 180만 원 나와요. 쌀도 몇천 원 안 해요. 나라비에서. 10키로에 몇천 원 안 해요. 기초생활수급자로 되어 있으니까 그런 거예요. 탈북자가 아니라 수급자라 나오는 거예요. 병원비도 나오고요. 잘 되어 있어요. 근데 정보를 안 알려주잖아요. 정보를 자기가 알아야 돼요. 뭘 알아야 찾아 먹죠. (참여자 6)

일하는 돈으로는 기초생활이 안 되지. 장애인 연금 나와요. 투석을 하고 있잖아요. 32만 원 나와요. 병원비는 무료고요. 배달 일 하고 그전에 딴 거 일하면 9년째가 되더라고요. 작년 신청하니까 국민연금에서 한 달에 44만 원 나와요. 내가 부었으니까. 합치면 70만 원 좀 더 되고 보탬이 되죠. (참여자 7)

호텔 문 닫고 6개월인가 놀았지. 국가 보조금 타는 거 있지. 고용노동부 실업급여 타고. 좀 쉬어가면서 생활에 보태고 했어요. (참여자 9)

〈풍부한 의료 자원〉

북한에서 운전하다 논두렁에서 엎어졌는데, 그때 다친 허리 한국에 와서 수술했어요. (참여자 6)

저는 고등학교 5학년까지는 열심히 공부했어요. 학교에서도 잘했어요. 졸업하는 해 아버지 돌아가시면서 인생이 바뀌더라고요. 아버지 3도 화상일 때 간병오래 했고. 북한에는 의학 기술이 좀 안 좋아요. 내가 올 때만 해도 더 했어요. 약 UN에서 들어오면 의사들이 빼돌리고. 시장에서 약 사 와서 주사 맞아라. 말이 좋지. 무상복지, 무상치료 말이 그렇지. 치료 시스템이 싹 망가진 거죠. (참여자 6)

〈종교계의 지원〉

교회나 불교든 천주교든 관심 가져주면 좋다고 해요. 왜냐면 우리 같은 탈북자들은 뭐 돈 벌 때는 모르겠지만 힘들 때가 있어요. 그때는 교회에서든 불교든 도와주잖아요. 가양 쪽에도 언제 한번 교회를 갔는데 5만 원인가 10만 원인가를 줘요. 또 저기 강남에도 교회가 있거든요. 거기 가도 10만 원씩 주고. 그리고 또 어느 교회는 얼마씩 준다고 하고. 구로 쪽에는 또 얼마 준다 하고. 전 그런 데는 안 갔어요. 북한 여자가 선교한 교회도 있어요. (참여자 6)

2) 북한이주민들이 지속적으로 일할 수 있게끔 보호해 주는 요인: 관계적 요인

정서적인 지지는 사람이 살아가기 위해 필수적인 요소이다. 가족처럼 챙겨 주고, 믿어 주고, 이해해 주는 동료와 지인의 존재는 이들이 살아가는 힘이 되어 주었다. 요양보호사로 근무하는 참여자 2는 혈혈단신으로 생계를 유지하기 위해 버티며 살아가지만 지칠 때가 많으나, 성의를 다해 환자를 돌보고 가욋일로 주변까지 정리해 주면 환자는 그녀의 수고를 인정해 주는 등 자신이 돌보는 환자를 통해 위로를 받는다고 하였다. 참여자 4는 일과 학업을 병행하고, 양육과 가사를 하기 때문에 매우 고되지만, 신앙과 믿음으로 마음을 추스르는 편이다. 또한 다니는 교회의 사모님은 자신이 의지할 수 있는 좋은 분이라고 한다. 그뿐만 아니라 대부분의 참여자들은 친구에게 힘든 일을 말하고, 술을 한잔하며 고충을 나누는 것을 통해 많은 위안을 얻었다고 공통적으로 보고했다.

〈남한 동료와 지인들의 따뜻한 정서적 지지〉

센터장님이 동네 아저씨같이 너무 편하신 사람이라고. 지역사회에 발도 넓으시고, 사람이 되게 편하고 좋으세요. 공문 적는 게 어려운데 일일이 수정해 주시고 알려주세요. 감사하죠. (참여자 1)

친구가 있어요. 나이 어린데. 전화를 해. 근데 걔가 웃길 잘해. 헤헤헤헤헤~ 이러면서. 대학 친구예요. 걔하고는 이렇게 말하면 대화가 돼요. 언니야, 그건 아니지~오~ 답답해요~ 이러면, 이렇게 좀 받아줄 줄 알고, 대화가 되는 친구. (참여자 3)

등급을 두고 있다든가, 너하고 나하고 뭔가 틀려 가지고 이러고 있다든가 그런 느낌은 못 받고 있어요. 그런 게 참 좋은 거 같아요. 고맙기도 하고요. 형들이 잘 챙겨 줬어요. 저한테. 회식 끝나고 꼭 택시 태워 보내고, 들여 보내주고. 택시 보낼 때도 택시비를 꼭 주더라고요. (참여자 5)

○○ 아시죠. 거기 갔다가 사장님을 만난 거야. 그 집주인이지. 그분이 날 잘 봐주신 거예요. ○○ 가서 일해 그랬어요. 소개해 준 거죠. 그전에는 노가다 건설현장 두루 다녔지. 뭐 할까 고민할 찰나였어요. 고마운 분 만난 거지. 5년 정도 일했어요. ○○공단 2천 평인데 부자지. 천억대 가는 부자야. 그때 내가 겪은 게. 전국 다 다녀봤어요. 전국 AS 한다고 강원도, 춘천, 천안, 진주 다 안 간 데 없이 간 거예요. 한국에 고마운 사람들 많은 거야. (참여자 8)

근데… 친해질 만하면 자꾸 옮기고 옮기고 그게 너무 아쉬워요. 한 사람이 쭉 하면 좋은데… 그럼 내 마음 열어주기도 하고 하는데 그게 아쉬워요. 서운한 얘기도 하고 그러고 싶은데… 왔는데 아는 얼굴이 없고 바뀌고 하면 그게 또 아쉬워요. (참여자 7)

관계는 그 자체로도 따뜻함과 위안을 주지만, 생존을 가능하게 하는 정보를 제공한다는 점에서 매우 중요하다. 도움이 되는 정보의 종류는 매우 다양한데, 일상생활에 도움이 되는 유용한 정보를 제공 받기도 하고, 전반적으로 남한 문화에 대해 이해할 수 있는 정보와 더불어 업무에 대한 이해의 폭을 깊게 하는 정보를 제공 받을 수도 있다. 북한이주민들은 동료들에게 책에 나오지 않는 정보를 얻어 직업적인 발전을 이룰 수 있었던 경험을 보고했다. 또한, 동료들을 통해 자녀 교육에 도움이 되는 학군 정보를 파악하고, 세일 정보와 같은 생활에 유용한 정보를 얻기도 했다. 남한 사람들이 살아가며 하는 생각은 무엇인지, 그리고 자본주의 사회에서는 무엇보다도 경제력이 매우 중요하다는 등 전반적인 남한 문화에 대한 정보도 얻을 수 있었다.

〈업무에 대한 지도와 조언〉

컴퓨터 용어는 책에서만 알 수 없는 것들이 있더라고요. 그런 단어들 일하면서 잘 알려줄 것 같은 분에게 여쭤봐요. 제 마음에 편하게 생각되는 사람에게 다가가서 여쭤보죠. 책에 없는 말들을 현장에서 배워 나갈 수 있어요. (참여자 5)

〈유용한 일상생활 정보 제공〉

언니들하고 일하면서 애기 키우는 소리에 대해서 들을 수 있어요. 학원은 어디 가면 좋고… 이런 정보들을 얻잖아요. 일단은 많이 알아야 되니까 많이 알아야 되니까 자유롭게 어울리면서… 근데 솔직히 북한 사람들끼리 이렇게 많이 있다 하면 솔직히 그게 한계가 있어요. 모르니까. 그런데 남한 동료들이 같이 있는 이곳은 도움이 되죠. (참여자 4)

〈전반적인 남한 문화 이해〉

> 이런 문화구나! 이런 걸 좀 빨리 배우고, 또 생각을 해 보게 되면서 많은 도움이 되죠. 뭐 어떻게 하면 좋을지, 나한테 무엇이 득이 될지 많이 생각을 하고 배우는 거 같아요. 남한이 어떻게 돌아가는지 밥 먹으면서도 알 수 있고요. 언니들하고 이런저런 얘기 하면서 자연스럽게 사회를 알아가는 거죠. (참여자 2)

마지막으로, 가족의 존재는 때로는 나 자신보다 중요한 존재가 되어 삶에 기쁨을 주기도 하였고, 이와 동시에 이들로 하여금 열심히 일하도록 하는 책임감의 원천이 되기도 했다. 참여자 2는 남한에 온 후 현재 남편을 만났고, 전남편과 사이에서 얻은 딸과 함께 살고 있는데, 남편은 참여자가 한국에 잘 적응할 수 있도록 참여자의 잘못된 언어 습관을 수정해 주는 등 물심양면 지원해 준다고 보고하였다. 이와 동시에, 북한이주민은 가족에 대한 강한 책임감을 보이기도 했다. 일을 통해 북한의 잔여 가족을 입남시키기 위한 돈을 모으거나(참여자 6,7,8), 혹은 가족 탈북을 한 경우 남한에 함께 온 자녀를 돌보고(참여자 6), 새로 배우자를 만난 경우 남편으로서 아내를 책임져야 한다는 인식(참여자 7, 9) 등 가장의 책임감을 느끼고 있는 것으로 나타났다. 예컨대 참여자 6은 단신 탈북 후 북한에 있는 가족(아내와 자녀 두 명)을 한국으로 데려와야 한다는 책임감과 의무감으로 고된 일을 마다하지 않았다. 그 결과 브로커 비용을 모두 충당할 만한 돈을 모았고 가족들은 태국을 거쳐 한국으로 입남하는 데 성공하였다. 참여자 6은 가족과 만나기 위한 투철한 신념으로 '닥치는 대로' 일용직 노동부터 도배 및 자동차 수리 등 돈이 되는 일은 모조리 다 했었다고 회상했다. 참여자 6은 가족을 모두 데려온 이후에도 북한에 계신 장모님께 1년에 100만 원씩 10년 동안 용돈을 보내 드렸다. 그리고 연구참여자 8 역시 탈북과정에서 아내를 잃어버리는 아픔을 겪었지만 딸을 돌봐야 하는 아버지로서의 역할을 수행하며, 그녀가 출가하기 전까지 가장으로서 기본적이고 안정된 생활을 위해 최선을 다했다. 이처럼 참여자들은 저마다 자신들이 돌봐야 하는 가족원의 대상은 달랐지만 공통적으로 가장으로서 책임감을 강하게 느끼고 있는 것으로 나타났다.

〈돌봄을 제공하는 동시에 책임감을 자아내는 가족〉

남편한테 이야기해요. 우리 아저씨는 집에서 말 안 하거든요. 마누라 속상해할까 봐. 근데 저는 누구한테 말하겠어요. 그래 회사 생활이 원래 그런 거라고 딸한테도 말하죠. 딸이 우리 엄마 존경스러워, 그래요. 그리고 일기장에서 봤는데 우리 엄마 꼭 호강시켜 주겠다고 해요. 힘이 많이 되는 거죠. (참여자 2)

절실했죠. 와이프하고 애들 데려와야 한다는 간절함이 있어 가지고요. 10년 동안 북한에 계신 장모님한테 매년 돈을 보냈어요. 브로커들이 수수료 30% 떼고 가는 거예요. 난 1년에 100만 원씩 보냈어요. 30프로 떼면 70만 원이잖아요. 그 이후엔 힘들어 못 보낸다 딱 차단했지만. 지금 한 70살 넘었을 거예요. 처제가 같이 살아요. 옛날엔 200만 원이었지 지금은 3천만 원 해요. 북한 가족 데려오려면요. 닥치는 대로 일하는 거밖에 없죠. (참여자 6)

아들이 좀 빨랑빨랑하고 똑똑해. 아들은 중국에 2번 갔다 왔어. 우리 아들이 먼저 중국에 가 있고 난 딸 데리고 같이 갔지. 어쩔 수 없어. 교회 도움으로. 아내는 나 찾으러 중국 갔는데 여자들 뻔하지. 북한에서부터 약속하고 넘어온 거 자체가 인신매매야. 누구한테 팔려간 거 뻔하잖아요. 이제 이런 얘기 그만해요. 내가 먼저 오고 그다음에 아들이랑 딸이랑 오고 그런 거죠. 가족들 데리고 오려면 돈이 있어야죠. (참여자 8)

부인은 여기 와서 1년 있다 만났어요. 16년 살았죠. 본처보다 더 오래 살았어요. 북한 사람이에요. 동질감이 있는 거지. 애들은 북한에 있어요. 85년생. 저는 58년생. 우리 딸이 85년생이고 이제 36살인가 됐죠. 애들 데려오면서 돈이 또 나가고. 한 명당 천만 원씩은 들어요. 딸이 중국에 체포됐을 때 선교사가 경찰한테 돈 줘야 한다고 했는데. 가짜 신분증 만들어야 한다고 했고. 그거도 장로한테 사기당한 거예요. 사기 안 당했으면 더 벌었죠. 100만 원이면 70-80프로는 저축하는 거예요. 대체로 사람들 카드 쓰잖아요. 카드 한 30만 원 정도밖에 안 나가요. 한 달에. 여기서 지금 2백도 못 받아요. 그리고 내가 사용하는 관리비, 핸드폰, 적금, 보험은 나가고 최소로 쓰는 거죠. (참여자 9)

북한이주민이 네트워크를 형성하고 서로를 돌보는 것은 이들이 일을 지속하는 데 기여했다. 남한 내에서도 북한이주민이라는 같은 배경을 가짐으로써 서로를 지지하고 도움을 제공하는 끈끈한 네트워크를 형성하도록 촉진했다. 참여자 4는 실리콘 회사 직원으로 근무하고 있는데, 하나원에서 만난 한 지인의 소개로 취업을 할 수 있었다고 한다. 참여자 9는 호텔을 운영하는 북한 고향 사람을 만나 호텔에서 6년 동안 일할 수 있었다. 이 사람들은 연구참여자들에게 매우 고마운 사람으로 회상되었고, 종종 건설현장에서 일용직 근로자로 일하거나 건물 관리인으로 일했던 때 열악한 노동환경에서 보다 나은 급여조건의 직장 환경으로 이끌어준 지지자로 인식하였다. 이처럼 북한이주민들은 자신의 주변 사람들로부터 인간관계를 통해 우연이든 그렇지 않든 일자리를 얻게 되는 경험을 했고, 보다 나은 일을 할 수 있는 환경은 곧 그들의 생계에 보탬이 되는 일이었다. 직업에 대한 전념을 가능하게 했던 요인으로, 북녘 가족과 고향 사람들을 위해 북한이주민으로서 역할에 대한 책임감

(오은경, 2018)을 이야기하기도 하였다.

〈북한이주민 네트워크〉

> 250만 원 준대요. 거기 좀 다니다가 호텔 회장을 만나게 됐지. 북한 고향 사람이더라고요. ○○에 호텔이 있었어요. 거기 와서 일하라는 거예요. 6년 있었지. 내가 떠나지 않는 이상 날 버리지 않는다 그런 믿음은 있었어요. 고향 사람이니까. 잘 해줬어요. 근데 호텔 문 닫으면서 나온 거지. 사드 할 때. 중국 손님들이 안 왔잖아요. 그래서 망했어요. (참여자 9)

3) 북한이주민들이 지속적으로 일할 수 있게끔 보호해 주는 요인: 자기조절

이들은 성공적인 적응을 위해 자신을 조절하고 변화시켜 나갔다. 이들은 북한이주민으로서의 직장 내 입지 구축을 위한 방략으로서, 능동적으로 맡은 바 이상으로 업무를 수행하였다. 또한 자신이 탈북 후 남한으로 새롭게 진입한 사람이라는 사실을 잘 지각하고 있었는데, 이는 이들이 남한사회를 남한 동료만큼 알지 못하며 모든 면에서 새롭게 시작해야 한다는 위치를 인정했던 것이다. 구체적으로 이들은 남보다 일찍 출근하고, 강의 시간에 퇴근하지 않고 학생들의 질문을 받으며 추가적으로 근무하고, 업무가 끝나도 동료의 일이 남아 있으면 같이 해 주기도 하였다. 이러한 노력의 과정 끝에 참여자들은 결국 직장 상사와 동료들에게 인정받으며 직장 생활을 지속하고, 점차적으로 직장에서 입지를 구축 및 확장해 나갔다.

〈능동적으로 가욋일 하기〉

어르신 케어하고 이제 그 시트 비닐 다 갈아 드리고요, 그 집의 빨래까지 널어 줘요. 원래는 어르신만 돌보는 게 제 일이죠, 그런데 빨래는 세탁기에 돌려주고, 널어주고, 말린 거를 개 줘요. 그 집은 식구가 많거든요, 또 여자들이 많아 머리카락이 많이 떨어져요. 그런 것들로 좀 정리해 주죠. (참여자 3)

또한 이들은 적응적인 관계 기술을 사용함으로써 직장 유지에 힘을 더하였다. 직장은 직장이라는 경계를 설정하고 영특하게 지내고 말을 조심하려고 하였다. 또한 감정적으로 격해지는 일이 있어도 쉽게 폭발하지 않으려고 노력하고, 좋은 방향으로 해결하고자 하는 것도 도움이 됐다고 한다. 직선적 표현에 관한 남한 동료들의 지적이 선행되었고(참여자 1), 이 과정에서 참여자들은 솔직하고 비판적으로 말하는 것에서 벗어나 남한 방식의 예의와 분위기를 알아차렸다고 한다. 또한 이들은 다른 사람들이 다가와 주기를 기다리기보다는 친절히 알려줄 것 같은 직장 동료에게 커피를 사주며 먼저 다가가기도 하였다. 마지막으로, 원하는 만큼 충분한 배려를 받지 못하더라도 배려하는 입장에서는 어떨지에 대해 생각해 보며 답답함을 느낄 수도 있는 동료들을 헤아려 보고자 노력하였다.

〈두 얼굴로 지내기〉

두 얼굴이라고 해서 영 나쁜 건 아니거든요. 그렇지 않으면 진짜 낙동강 오리알 되고, 나만 병신 되는구나. 진짜 교훈이에요, 진리죠. 두 얼굴로, 영특하게, 영리하게 살아야 되겠구나. (참여자 1)

말로 절대 표현을 하지 말아야 돼요. 표현을 하지 않고, 진짜 요렇게 앞뒤로 가식적으로 생활해야 돼요. 왜 일을 똑같이 했으면 똑같이 했지 너는 왜 이 일만 하냐? 남들이 호된 일하면 같이 좀 호된 일하고, 밀리면 같이 도와줬다가, 일을 뭐 시작하고 해야 되는데, 얘는 왜 하고 싶은 것만 할까? 이런 생각이 들잖아요? 그러면 네가 왜 이렇게 하냐? 내가 반장이 아닌 이상. 네가 왜 이렇게, 이렇게 지적을 못 해요. 말을 되게 조심하게 돼요. (참여자 2)

〈직선적 표현 자제하기〉

지금은 많이 나아진 거 같아요. 나는 다혈질이고, 이렇게 담당업무나, 이렇게 여기 ○○ 선생님을 만나기 전에는, 그래도 ○○ 선생님 만나기 전에 또, 잘리기 전에는, 바로 이제 말해 버리고? 그 사람 안 만나고? 그런 편이었거든요. 이제 유연성을 가지고, 잘 대처하고, 방법을 생각하고. (참여자 1)

〈남한 동료에게 적극적으로 다가가기〉

아, 내가 이렇게 업무를 몰라서는 안 되겠다. 나이 어린 애들도 많고 그러니까 걔네들한테 머리 숙이고 배우는 게 자존심도 허락지 않고 해서 내 위에 몇 살 위 언니가 이제 매니저 언니가 있었거든요. 그게 총책임자. 그 언니한테 커피도 같이 먹으며, 그 우리 커피 지원금으로 한 달에 3만 원이 나오거든요. 직장 밑에 있어요. 그 커피숍을 이용해요. 언니야, 내가 커피 사줄게 이러고 데리고 와 가지고, 언니하고 통했어. 이 언니하고 말이 통하더라고요…. 제 강점인 거 같아요. 장사꾼이어서 그런가 봐요. 장사꾼들은 사람을 잘, 많아야 되잖아. 아무개야, 오늘도 예쁘구나! 오늘 뭐 날씨도 어디 뭐 다이어트했어? 이러면서 말 한마디라도, 그게 돈 들어가는 일이에요? 아니잖아요. (참여자 2)

입지를 구축하고 적응적 관계 기술을 사용하는 것과 더불어, 성실함과 끊임없는 자기 발전은 이들의 강한 원동력이 됐다. 대학에 입학하여 학업과 일을 병행하고, 자격증을 취득하고 프로그램에 등록하기도 하였다. 참여자 1은 업무 능력이 부족하였지만, 동료들의 도움을 받지 못하는 상황에 처하자 자신이 기필코 남한 출신 동료보다 뛰어난 능력자로 거듭나겠다고 다짐했고, 자신의 자존심과 투쟁으로 업무에 성공적으로 적응할 수 있었다. 컴퓨터, 사회복지사 자격증 등 자격을 갖추며 탄탄한 업무 능력의 기반을 쌓은 결과, 직무 능력의 뛰어남을 증명하고 상위기관인 ○○시청에 취업할 수 있었다. 이에 대해 참여자 1은 돌아보니 반드시 성공할 것이라는 다짐과 자신을 무시했던 남한 사람들이 자신의 성공에 발판이 되어 주었다며 보람과 긍지를 전했다.

참여자 2 역시 비슷한 경험을 보고하였는데, 참여자 2는 북한이주민으로서의 자존심이 드러났고, 성공에 대한 의지가 투철했다. 활발하고 야심 찬 성격이며 일을 꼼꼼하게 잘한다는 소문이 나면서 복지관 선생님 소개로 가방회사에 입사할 수 있었다. 그 당시 다섯 명을 최초로 뽑았지만, 가죽을 옮기는 일은 여성으로서 육체에 무리를 주었고 끝내 네 명이 퇴사하여 참여자 혼자 남았다. 그러나 끝까지 착실하게 일한 끝에 상사에게 인정받았고 계약직에서 정규직으로 전환되는 기쁨을 누리게 되었다고 한다. 참여자 2는 이와 관련한 배경으로 스스로에게 북한에서 탈북했다는 사실을 날마다 각인시키며 남한에서 반드시 성공하기로 다짐했다고 한다. 늘 조금 더 일찍 출근하여 동료들을 맞이해 주었고, 사내를 미리 정비하고 커피를 타는 등 솔선수범을 보였다. 그 외에도 남한 동료들보다 뛰어나기 위해 자격증 취득에 몰입하여, 운전면허증, 바리스타 자격증, 한문 급수, 한식 자격증 등 다양한 자격증을 취득하는 데 성공했다. 그 결과, 회사와 월급에 만족하며 즐거운 생활을 영위하고 있다고 한다.

〈북한 출신의 자존심과 오기〉

북에서 왔는데 진짜 ○○○! 잘한다. 괜찮다! 인간관계도 괜찮다. 이런 인식을 바로 가지게끔. 그렇게 하려고 더 열심히 노력을 했어요. 왜 항상 거기서 왔다는 압박감 그런 게 있거든요…. 못사는 나라에서 왔으니까 당연히 사람들이 수준을 낮게 보시잖아요. 아! ○○○! 걔 이북에서 온 애인데 출근도 빨리하고, 열심히 일하고. 인식이 얼마나 좋아요. 열심히 하는 것도 중요하지만, 그것보다도 남보다 더 잘해야지. 너희들 나한테 감히 이래라저래라 못 하게… 북한에서 왔다는 그게 항상 있어 가지고. 뭐 북한이란 나라가 한국보다 잘살고 발전한 나라라면 몰라요. 못사는 나라에서 왔으니까 당연히 사람도 이렇게 보이지 않아요. 수준을 낮게 보시잖아요. 그래서 더 열심히 하려고 그러죠. (참여자 2)

뭐 학교에만 가야지 배우는 게 아니에요. 이론적으로 아무리 배워도 현장 감각이 없으면 아무것도 못 해요. 아, 그리고 사회복지사에게 무조건 매달려요. 거기 취업 담당자가 따로 있어요. 자꾸 가서 매달리는 거야. 그 사람들 귀찮지. 자꾸 찾아가는 거야. 그럼 여기 가보세요, 저기 가보세요, 그래요. 그래서 경비로 들어왔는데, 여기 와서 1년 하니까 손재간이 있다고 기계실로 불러줬어요. (참여자 9)

〈업무 분야에서 전문성 갖추기〉

필기시험도 죽기 살기로 매달려서 컴퓨터 활용능력에 합격을 한 거예요. 또 ITQ국가자격증을 딴 거요. 얼마나 감사한 일이에요. 오전에는 ITQ를 배웠고, 오후에는 전산회계를 배웠어요. 처음 배우는데 나름 재밌더라고요. 그리고 한두 달이 지나서 엑셀 시험을 봤어요. 시험 봤는데 합격이 된 거예요. (참여자 1)

지금 내 이 분야에서 요리도 배우고 싶고, 컴퓨터도 배워야 되고. 지금 사회복지하고 상담사 자격증 그거는 초보적으로 배우는 중이고, 자격증 취득까지는 배우고 싶어요. 관련된 간호조무사 자격도 취득하려고 희망하고 있어요. 거기까지는 좀 희망을 가지고 있어요. (참여자 3)

또한 이들은 근면 성실함과 자기돌봄 간의 균형을 추구하며 일을 지속할 수 있는 힘을 비축하였다. 특히 자기돌봄은 이들에게 어렵게 다가올 수 있는데, 주변인에 대해서 공개적으로 평가하고 지적하는 것이 일상화된 북한사회에서 이주한 참여자들은 상호 및 자기 비판하는 것에 익숙하기 때문이다. 비록 대한민국 국민이 되었지만 그들이 내면에 지닌 북한체제와 문화와 사상은 오래 유지되어 잘 바뀌지 않는 관성을 지닌다. 하지만 직장이라는 작은 사회에서 남한의 문화를 경험해 나가며, 참여자들의 신념과 사상은 차츰 변화를 겪어갔다. 자신보다 국가와 집단을 우선하는 북한의 사상과 체제 아래에서 '나(ego)'에 대한 존중과 탐색, 인식 및 관리는 거의 부재하다. 이는 '갱년기'나 '사춘기'와 같이 자신의 상황을 표현하는 단어에 낯섦을 느끼는 그들의 반응에서도 간접적으로 찾아볼 수 있다. 그러나 지속적인 행복 추구를 위해서는 자기돌봄이 필요함을 깨닫고, 자기돌봄과 존중하는 사고와 방식을 배웠다. 아울러 자신의 복지와 행복에 관하여 생각하고, 자신의 권리가 중요하다는 것을 인식하기 시작했다. 예컨대 참여자 3은 '내가 중요하다. 내가 있어야 살지. 내가 없으면 어떻게 살아. 내가 있어야 돈도 벌 수 있고, 내가 돈을 벌 수 있어야 모든 게 되죠'라고 언급하였다. 이들은 자신보다 국가를 우선시했던 북한의 체제에서 벗어나, 이제는 누구보다 내가 먼저 나 스스로의 소중함을 인식하며 변화되어갔다. 이러한 신념의 변화와 더불어 참여자들은 소소한 취미와 여가 생활을 즐기는 행동적 변화를 보여주었고, 예컨대 음악 감상, 지인과의 술 한잔 등 자신에게 맞는 스트레스 관리능력을 갖추어 갔다. 아울러 자신의 실수를 수용하기도 하며 이전과 달리 보다 유연하고 수용적인 마음과 태도로 변화되어 갔다. 이들은 애쓰며 살아가는 자신을 알아주고 위로하고, 취미 생활로 마음을 풀기도 했다. 이와 더불어, 계속 슬프지만은 않을 것이라는 긍정적인 마음을 갖고 버텨 나갔다.

〈자기돌봄〉

> 저는 스트레스 해소로 음악으로 들어요. 장윤정 노래. 그다음에 이선희 노래. 그리고 또 북한 노래도 듣고. 유튜브도 좀 보고. 이러면서 내가 이겨내야죠. 음악으로 스트레스가 많이 해소돼요. (참여자 3)

〈낙관적 사고〉

> 다 그러고 살다 보니까, 돌아보고 살기가 참 힘든 사회인 것 같아요…. 그 시간이 지나가고, 지나가고, 사장하고 술을 한잔하면서 풀고 얘기하고 뭐, 그런 식으로 하면 또 가까워질 수도 있고. 남자들이 일하다 보면 그럴 수도 있어요. 뭐 그런저런 일이 있을 수도 있고, 그러다 보면 또, 그렇게 해서 잘 넘겨야지. (참여자 5)

4) 북한이주민들이 지속적으로 일할 수 있게끔 보호해 주는 요인: 적합한 보상

북한이주민들이 일을 하며 주어지는 금전적, 심적 보상은 이들에게 큰 힘이 되어 주었다. 특히 생계유지가 시급한 이들에게 일을 하면서 일상을 유지할 수 있는 월급을 받는 것은 큰 기쁨이 되었다. 이들은 직장으로부터 얻는 급여, 4대 보험 및 연차 등에 만족하는 것으로 나타났다. 월급은 일상생활을 가능하게 하고, 휴일이면 자녀와 시간을 보낼 수 있다(참여자 4). 또한 회사로부터 입사할 때 받은 고급 가방(참여자 2)은 이례적인 큰 선물이었다. 참여자들은 모두 급여의 수준이 높지 못함에도 회사를 통해 지급되는 월급 등의 보상에 감사하는 태도를 지녔다. 이와 더불어, 이들은 자본주의 사회에 대해 이해하고 월급을 축적하여 아파트를 구매하기도 하고, 북한에 있는 가족들에게 용돈을 보내주기도 하며 기쁨을 느꼈다. 실제로 요양보호사인 참여자 3은 약 125만 원의 월급 중 대부분을 미래행복통장에 저축하며 자신이 꿈꾸는 미래를 설계해 나갔다.

〈생계유지〉

여기 와서 단지 나는 돈을 벌어야 된다. 내 앞에 일만 착실히 하자. 성실하게 하자. 그거뿐이에요. 힘이 들고 안 들고 따지지 않고 일이라면 그냥 다 했지. 돈 벌 수 있는 건 다 했지. 차 엔진. 차 폐차시키면 엔진은 다 빼놔요. 뺀 엔진에서 뭐 브러시도 뭐고 부품도 다 빼는 거죠. 엔진을 다 분해해야 돼요. 분해해서 알루미늄이고 뭐고 다 나가는 겁니다. 그거 까는 짓을 했습니다. (참여자 7)

〈소소한 보상의 즐거움〉

입사할 때 백만 원짜리 가방을 딱 주더라고요. 남자들은 비싼 가방인데도 관심이 없더라고요. 제가 가방을 보니까 괜찮더라고요. 너무 좋죠! 보람되고요! (참여자 2)

〈자본주의 사회에 대한 이해〉

> 요양보호사 월급이 125만 원. 근데 어떤 때는 오전만 일하게 되면 60만 원이에요. 저는 보험이 들어가고요. 지금 현재에는 정부에서 주는 미래행복통장에 가입하고 있어요. 봉사 일 해요. 생필품 같은 게 나올 때 있어요. (참여자 3)

> 자유를 착각하는 사람들이 많아요. 그래서 실패하는 애들 많아요. 중고차도 할부로 사고. 집 다 팔고 영국으로 튀고. 간다고 영주권 안 주잖아요. 너무 자유에 대해서 착각하는 거예요. 그래서 망한 애들 많아요. 갔다가 쪽팔리니까 못 오는 거예요. (참여자 4)

사회적 관계를 통해 자신의 존재감을 확인할 수 있는 것은 일을 지속하게 하는 강력한 요인이다. 직무수행능력에 대한 인정(오은경, 2018) 역시 이에 포함되는데, 열심히 일하며 능력을 인정받고 진급하거나 정규직으로 취업할 수 있었던 참여자 1, 2의 사례가 이에 해당한다. 이와 더불어, 참여자 5는 근무의 시작 시간은 있지만 정해진 끝 시간은 없다. 퇴근 후에도 남아 학생들이 질문할 수 있도록 대기한다. 그는 자신의 방식을 고수하고 앞으로도 그렇게 할 것이라고 했다. 이에 대한 원동력은 자신이 가르친 학생이 자격을 취득하여 취업에 성공하면 느낄 수 있는 보람이라고 한다. 동료들은 처음에는 이러한 방식을 의아하게 생각하기도 하였지만 솔선수범하는 참여자의 모습을 끝내 인정해 주었다고 한다. 참여자 6 역시 유사한 경험을 보고했는데, 자신이 속한 봉사센터에서 한부모 가족에게 물품을 종종 전달해 주는데, 가끔 감사의 메시지를 받는 경험을 통해 수익이 없는 자원봉사 일일지라도 자신의 일의 가치를 확인하고 의미를 부여해 나갔다. 또한 연구참여자 8은 굴착기 수리를 의뢰한 고객으로부터 사과 한 박스를 받게 된 적이 있다. 그는 고객의 따뜻한 마음을 통해 지방까지 먼 길을 운전하며 갔던 자신에게 큰 위로가 되었음을 기억하였다. 이처럼 연구참여자들은 자신이 일하는 과정에서 누군가로부터 인정받는 지지와 격려 경험을 통해 자신의 존재감을 확인해 나간 것이라 해석된다.

〈인정과 지지의 경험〉

가끔 한부모 가정에 가져다주거든요. 이렇게 항상 감사의 문자를 보내주세요. 감사하죠. 빈말이래도 그렇게 감사하다고 문자 보내고. 북에서 온 사람들 그런 거 없어요. 돈을 몇억을 벌어도. 마음 편하게 봉사하고, 알바 같은 거 들어오면 하고. 돈 많이 받겠어요? 주는 대로 몇만 원 받고 사는 거죠. 가끔 서너 시간 일하기도 하고. 제가 2014년도부터 지금까지 해 오는 게 봉사예요. 봉사로 시작해서 봉사로 끝나요. ○○○에서도 제가 롤 모델이에요. (참여자 6)

지방 굴착기 고치러 다닐 때. 시골 과수원 같은 데 고쳐주러 가면 사과 한 박스씩 주고 팔 수 있는 건 아니어도 깨끗해. 어떤 사람들 수고했다고 토끼도 잡아주고. 난 월급으로 받았지. 사람이 뭐 재미로 일해요. 상가 그쪽 다니면 편의점에서 들어와 커피 한잔 마시라 하고. 친하게 지내는 사람들 있어요. 상가 사람들 주변 사람들 좋아요. (참여자 8)

사람이 첫째로 중요해요. 제가 생각할 때 이 세상에서 나에게 행복을 주는 사람도 가까운 데 있고 슬픔을 주는 사람도 가까운 데 있다. 북한말로 그래요. 충신도 내 곁에 있고 간신도 내 곁에 있고. 모든 게 주변 사람 때문에 행복하고 슬프고 그런 거예요. 북한도 저렇게 멀리 있으니까 골머리가 아픈 거죠. 아프리카 이런 데 있어 봐 신경도 안 쓰지. 내 주위 사람들을 내 편으로 만든다 그거예요. 소장을 떠나서. 지금에 와서는 아무 소리 못 해요. 내가 일을 잘하니까. 일하면서 일 못했니 그런 소리 못 들어봤어요. 노가다 할 때 경춘선 할 때 사장이 뭐 사러 가자 가면 너 열심히 하니까 쉬다 가자 그래요. (참여자 8)

과거의 직간접적 일경험에 기반하여 진로를 선택하여 개인의 심리 내적 자원을 활용하거나, 대리 경험을 통해 혹은 이전 직장이나 교육 경험 중 성취 경험을 바탕으로 자신의 강점을 인식하고 집중함으로써 어떠한 일이 자신에게 적합한지 발견하였다. 또한 미래를 설계하는 것을 포함한 자아실현의 경험은 이들에게 강한 동기적 요인이 되었다. 북한이주민은 자신의 욕구에 부합하는 일을 선택함으로써 보다 나은 윤택한 삶을 누리고자 희망하는 것으로 나타났다. 예컨대 연구참여자 6은 머지않아 사회복지 자격에 도전하여 향후 통일 이후 자신의 고향에 가서 사회복지시설을 운영해 보고 싶다는 포부도 밝혔다. 연구참여자 7은 경제적으로 안정되는 머지않은 미래에, 남한에서 새로 만난 조선족 아내와 산, 바다 등 가보지 못한 한국의 멋진 풍경을 보러 여행을 떠나고 싶다고 얘기했다. 일만 하는 일상에서 벗어나 여가와 일이 공존하는 일상을 꿈꾸었다. 그리고 연구참여자 8은 현재 일하는 건물 관리직에서 벗어나 자신만의 탁구장을 운영하며 고객에게 탁구를 가르쳐주고 소소한 이야기를 나누는 보다 여유로운 일상을 기대하였다.

〈심리 내적 자원을 활용할 수 있는 일 선택〉

저는 체계적으로 하는 게 좋아요. 사람이 그런 직업 가진다는 거 자체가 좋은 거고요. 어떤 조직에 들어가서 움직이고 하는 거 잘 맞아요. 그래서 나중에 사회복지사 자격을 취득하면 조직에 들어가려고 합니다. (참여자 6)

학교 가서 일하고 일하는 데 힘든 건 없어요. 저 혼자서 복도 계단을 하니까요. 혼자 청소하는 거예요. 누가 이래라저래라 하는 사람이 없어요. 제가 알아서 하는 거예요. 잘 맞아요. 방학 때 창틀 닦아주고. 잘하자면 끝이 없고. 하루에 두 시간 반 정도 적절하게 조절해 가지고 하는 거죠. 내 몸에 맞게 계획을 짜 가지고 일하는 거죠. (참여자 7)

장판 강화마루 깔고, 찬장 해 주고. 테이블 만들어주고. 계단도 만들어주고 그런 거 다 했어요. 이불장도 만들어주고. 지금으로 치면 붙박이장이야. 눈으로 보면 한다니까! 손으로 감각이 있어요. 학교 다닐 때 공부는 하기 싫어했어요. 아버지가 목수였어요. 우리 아버지가 목형공 있잖아요. 큰 공장 가면 목형을 한다고, 처음에 마스터하는 사람 있지. 그 형틀을 만드는 사람이야. 나무 갖고 하는 건 다 잘해요. (참여자 9)

〈미래의 설계〉

일하면서 쓴맛 단맛 다 겪어보고. 감사하죠. 내가 태어난 고향인데 자존감이라는 게 있잖아요. 북한에 살았다는 게 뭐 잘못된 것도 아니고. 여기 형편이 낫다고 해도 내가 태어난 곳이 거긴데요. 사회복지 공부해서 나중에 북한 고향에 가서 사회복지센터 운영하고 싶어요. (참여자 6)

장례지도사 땄어요. 이 세상 하직하고 가는 걸 보면서 내 삶이 행복해야겠다. 안양도 가고 성남도 가고 염하는 거 실습하고 전문으로 하시는 분 따라가서 배우고 그랬어요. 북한에 이런 노래가 있어요. 자식을 위해 고생하신 어머니, 그런 노래가 있는데 그런 노래를 한번 불러봤어요. 염하고 마지막에 입관하고 그러고 못으로 박잖아요. 완전히 봉인할 때 쓱 돌잖아요. 그때 그런 노래를 불렀어요. 눈물 나지. 고맙다고 돈도 주고 하지. 참 그게 그렇잖아요. 무슨 일이라도 해야지 않을까. 무슨 도움이 되는 일이라도 해야지 않을까. 겁 없어요. 사고로 갔든 뭐든 아름다운 날들이 있었을 건데 그런 거 생각하면 참 그래요. 허무하기도 하고. 젊은 사람이면 더 그래요. 여러 가지 생각이 들더라고요. (참여자 6)

저는 새벽잠이 없어서 4시 반에 일어나요. 10시나 잠들어요. 원 북한에서도 그랬어요. 그렇게 일찍 일어나서 뭐 할 일 있겠어요? 그냥 눈이 떠져요. 잠이 안 와요. 원래 낮잠 없어요. 6시 반에 학교 가서 일하는 거죠. 일하는 데 힘든 건 없어요. 저 혼자서 복도 계단을 하니까. 혼자 청소하는 거예요. 오늘은 계단을 해야겠다. 2주에 1번씩 계단을 닦자. 누가 이래라저래라 하는 사람이 없어요. 제가 알아서 하는 거예요. 잘 맞아요. 욕심 없어요. 나중에 부인이랑 여행이나 다니면 좋겠어요. 집사람 데리고. 바닷가나 산이나 1박 2일로 조금씩 다니고 하면 좋죠. 내가 무슨 욕심을 가질 수가 없죠. 실현하기가 힘들잖아요. (참여자 7)

좋지요. 마음이 즐겁고. 난 탁구 치면서. 탁구 운동이 좋은 게 절대 치매 안 와요. 고난도 운동이에요. 머리도 써야 되고. 축구도 내가 좋아하는데 육체가 한계가 있고. 직원도 봐주는 사람 1명 있어야겠지! (참여자 8)

5) 북한이주민들이 일을 지속하는 것을 막는 장벽 요인: 사회적 요인

방해 요인은 크게 사회적 요인과 개인적 요인으로 나누어 살펴볼 수 있다. 보호 요인과 유사하게, 방해 요인 역시 서로 영향을 주고받는 측면이 있다. 부족한 사회적 자원은 개인의 성장을 저해하고, 개인의 어려움은 심리적 고립, 한계와 연결되어 사회적 자원의 가용성을 더욱 떨어뜨릴 수 있다.

남한 주민들이 북한이주민에 대해 가지는 차별적인 시선은 이들의 적응을 어렵게 한다. 이러한 차별은 집단에서 배제하고 불이익을 주는 적대적인 차별과, 특수 계층이자 이방인, 불쌍한 연민의 대상, 두려운 존재, 부도덕하고 게으른 존재, 고립된 사람 등 고정관념을 가지고 대하는 미묘한 차별로 나누어 볼 수 있다(강주원, 2013; 신미녀, 2009; 유해숙, 이현숙, 2014).

참여자 1은 남한 출신 동료들로부터 크게 마음의 상처를 받았다고 보고했는데, 이로써 남한 사람들은 겉과 속이 다르다고 믿게 되었으며 이후 남한사회에서 두 얼굴로 살기로 다짐했다고 한다. 참여자 3도 유사한 경험을 보고했다. 대한민국 입국 후 초기 북한이주민이라고 하면 취업이 어려웠고, 결국, 그녀는 조선족이라고 속이고 취업했던 경험을 보고하였다. 그럼에도 불구하고, 현재 재직 중인 요양원 원장은 그녀가 탈북했다는 사실로 무시하며, 요리까지 해야 하는 환자 집으로는 배치시켜 주지 않았다. 북한식 요리를 하면 일반 남한 사람의 입맛에 맞지 않을 것이라는 이유 때문이었다. 이와 더불어, 북한이주민들은 북한 사람에 대한 부정적인 인식이 남한사회 전반에 깔려 있으며, 대중매체를 활용하여 국민의 인식을 긍정적으로 전환시키는 것이 필요하다고 조언하기도 하였다. 이처럼 연구참여자들은 직장에서 자신의 능력 정도에 따른 평가가 아닌 '북한 사람'이라는 태그로 인해 이방인 취급을 당했던 경험을 얘기하며 직장 생활에서 근본적으로 가장 불편한 방해 요인 중 차별을 언급했다.

〈능력이 아닌 출신에 따른 차별〉

신문 봤어요. ○○시장 신문 보고 전화했어요. 성북구 근처였는데 150만 원 주겠다는 거예요. 북에서 핸드폰 제조업체랑 비슷한 거예요. 근데 그 회사까지 가는 게 멀기도 했고. 돈도 별로 많이 안 준다고 하고. 돈이라면 한국 사람하고 북한 사람 똑같이 줘야 하는데 차이가 있었어요. 평양 말씨도 서울 오면 좀 달랐고요. (참여자 7)

탈북민이 한국 사람은 아니잖아요. 신분증은 가졌지만 태어난 곳은 아니에요. 그러니까 이방인 취급을 받는 거잖아요. 특히 젊은 애들. 이방인 취급을 빨리 개선하려면 방송에서 교육사업이 이루어져야 되는 거예요. TV를 부모들이 많이 보잖아요. 사고방식을 바꾸는 판결문을 만들어서 알려줘야 돼요. 연예인 뜨는 이유가 TV 때문이잖아요. 영향력이 크잖아요. 방송을 통해서 인식개선을 하는 게 필요해요. TV 통해 바뀌는 게 많습니다. 북한에 관해 모르는 걸 알려줘야 합니다. (참여자 9)

북한이주민들의 경우는 다른 외국 이주민들과 달리, 남북한 분단 체계와 정치적 상황으로 인한 레드 콤플렉스(김화순, 2004)로 인해 남한사회 내에서 자신을 긍정적으로 보고 안정적인 자신감 혹은 자기이해를 가지기 어려운 측면이 존재한다. 연구참여자 6이 언급한 바와 같이 한국 문화를 배운다고 할지라도 오래된 문화적 차이는 어디에 취업하든지 상관없이 완전히 해소되기는 어렵다고 볼 수 있다.

〈이념의 차이〉

장애물이라면 우리가 아무리 여기 와서 문화를 배운다고 해도 북한에 있을 때의 그런 문화와 경험 그런 게 다 없어진다고 말할 수 없죠. 북한과의 문화적 차이랄까요. 그걸 완전 해소시킬 수는 없는 거죠. 문화적 차이가 완전히 해소는 안 되잖아요. 그건 어디 취업하든지 같아요. 그걸 뛰어넘기가 어려워요. (참여자 9)

남한사회에서는 자격제도 등이 마련되어 있는데, 연구참여자들은 일 문화 차이로 인하여 이러한 정보를 알지 못했고 일 관련 정보가 부족하다고 느꼈다. 연구참여자 8은 북한 무산광산에서 굴착기 수리하는 일에 뛰어난 능력이 있었지만 한국에서는 자격증이 없어 그가 지닌 능력을 발휘하기 어려웠다. 또한 연구참여자 9는 목수였던 아버지의 손재주를 물려받아 찬장, 계단, 장롱 등 많은 것들을 직접 손으로 만들 수 있는 능력이 있었지만 한국에서는 자격증이 있어야만 회사에 취업할 수 있었다. 연구참여자 8의 증언에 따르면 북한에서는 '자격증 같은 건 필요 없었다'고 한다. 북한에서는 직무에 배치되는 경우가 많고 일하면서 사람들을 통해 자연스럽게 실력을 키우는 경우가 많았던 것으로 이해된다. 이와 같은 일 문화 차이로 인한 자격제도 등 일 관련 정보의 부족은 연구참여자들이 직업을 찾고 선택하는 과정에 주된 방해 요소라고 볼 수 있다.

〈정보의 부족〉

탈북자 남자가 20프로밖에 안 돼요. 북한 사람은 한국에 대해 잘 몰라요. 어디 가야 뭐가 있는지 잘 몰라요. 어디 좋은 데가 있는지도 잘 모르고. 직장도 인터넷 찾아보면 되겠지만. 뭘 찾아봐야 하는지 어떻게 뭐부터 해야 하는지 잘 몰라요. (참여자 9)

2005년 1월에 나왔지. 그때 직업을 알선해 주고 이런 체계가 없었어요. 무엇을 잘하는지 어떻게 해야 하는지 아무도 알려주는 사람이 없는 거예요. 난 무슨 손재주라도 있으니까 뭐라도 하고 먹고살았지. 다른 사람들은 아무것도 없는 거야. 거기서 해 봤자 장사질이나 하고 직장이나 다니고. 여기랑은 실정이 안 맞는 거지. 모든 걸 다시 시작해야 되는 거죠. 한국 사람도 똑같잖아요. 시골에서 올라오면. 대학에 가든지 자기 진로에 맞는 뭐를 찾아야 되잖아요. (참여자 9)

〈자격 취득 절차의 복잡함〉

무산광산 아세요? 철광석 하는 데거든요. 아시아에서 큰 광산이라고 해요. 매장량은 2백억 톤 돼요. 철광 캐는 거예요. 집단 배치 받아서 고향에도 못 가고 굴착기 했어요. 거긴 전기식이고 여긴 유압식. 여긴 기름이고 거긴 전기고 달라요. 굴착기라는 게 엄청 커요. 자격증 같은 거 그런 거 거긴 필요 없어요. 같이 일하면서 자연히 배우게 돼요. 이게 내 밥벌이고. 여기처럼 자격증 그런 거 너무 크게 신경 안 써요. 운전 자격이나 크게 따져요. 여러 가지 일을 해 봤어요. 근데 여긴 다르죠. (참여자 8)

6) 북한이주민들이 일을 지속하는 것을 막는 장벽 요인: 개인적 요인

직업 유지를 방해하는 개인적 요인으로는 신체적 한계와 질병이 있었다. 특히 북한이주민은 남한에서의 무리한 근로로 건강이 악화된 사례를 다수 보고했다. 참여자 1은 남한에서 할 수 있는 일은 선택의 폭이 넓지 않아, 당시 식당에서 서빙이나 설거지 등을 했는데 육체적으로 과한 노동을 하여 건강 문제가 생기기도 했다. 참여자 6은 도배지를 옮기는 과정에서 허리를 다쳐 허리 수술을 했으며 더 이상 무거운 건 들지 못하는 신체적 상태가 되었다.

〈무리한 근로로 악화된 건강〉

○○시장 신문 뒤져 가지고 ○○벽지 회사 갔고요. 거기서 4~5년 일했어요. 140만 원에 들어가서 180만 원 월급 받고 나왔어요. 거기서 허리 다쳐서 디스크 수술했고요. 더 이상 무거운 걸 드는 일을 못 해서 나왔죠. 허리 디스크 협착이 와 가지고요. 벽지 일 마치고 다음에 ○○자원봉사센터 간 거예요. 두 번 시술받고 괜찮아졌긴 해요. 꼬리뼈로 레이저로 시술했어요. 염증 낀 걸 제거하고. 뼈와 뼈 사이에 윤활유라는 거 있잖아요. 대한민국 의술이 좋아요. 마취하니까 별로 안 아팠어요. (참여자 6)

오토바이 탈 줄을 몰랐어요. 못 배웠으니까. 배달하려면 오토바이를 타야 하잖아요. 근데 그냥 돈 벌어야 하니까 탈 줄 안다고 하니까 면허 없이 시켜 주더라고요. 자동차 면허증은 있으니까. 엑셀 나가고 브레이크 나가고 금방 배웠어요. 한 2시간 배웠나. 한번 배달 끝날 적에 2013년도인가 발목이 한번 복사뼈 부서졌어요. 딱 ○○빌딩 앞에 가려고 신호 떨어져 싹 나갔는데 2월이라 살얼음이 얼어 가지고. 차가 우회전 차야. 차가 크지는 않았어. 차가 들어오면 서야 하는데 못 선 거지. 사람 본능이 내가 멈추려고 했지. 후다닥 급브레이크 확 잡은 거지. 그러다 보니까 앞바퀴가 굴러서 어떻게 하다 미끄러졌어. 쫙 밀고 나갔지. 뼈가 부러졌으니까 보름 동안 일 못 했지. 한 달 쉬었죠. 보험에서 2천 해줬어요. 2015년도 그때부터 일 못 하고 있었지. 병원에 가니까 피검사를 한번 했는데 당장 큰 병원 가야 된다고 해요. 그니까 감기인가 뭐 때문에 갔다가 알게 됐어요. 당장 투석하라 그러더라고요. (참여자 7)

60세가 넘으니까 몸의 변화를 느껴요. 그전에는 힘든 거 몰랐어요. 그럴 때는 그저 기도하죠. 왜 나한테 이런 시련을 주는지. 나중에 탁구장 차리려고 해요. 고저 회원들한테 잘 해 주고. 이게 내 휴식공간도 될 수 있게요. 내 건강을 되찾는 그런 장소랄까요. 돈을 떠나서 그저 밥 굶지 않는 정도로만 운영되면 되겠지 그런 생각이에요. (참여자 8)

신체적 질병과 더불어 일련의 비극적인 사건들에 반복적으로 노출된 경험은 북한이주민을 불안정하고 고통스럽게 하여 직장 유지에 방해가 됐다.

〈비극적 경험으로 인한 심리적 고통〉

수면장애도 있어요. 약 먹어요. 수면유도제니까 먹으면 좀 낫죠. 부모 못 데려온 사람들 그 가슴이 어떻겠어요. 하루하루 살아가는 게 고통이고 행복할 수가 없죠. 정신적 고통이 커요. 내가 원하는 만큼 얼마든지 할 수 있는 나라고, 끝도 없이 일할 수 있는데 몸이 되는 만큼 하고 살아야죠. (참여자 6)

요약하자면, 북한이주민은 일에 필요한 소양을 가지지 못하거나, 이를 기를 기회를 충분히 제공받지 못하며 직업 유지에서 어려움을 겪었다. 예컨대 이른 시기에 영어와 컴퓨터를 비롯한 매체에 노출되어 자연스럽게 능숙한 능력을 습득하는 남한 주민들과는 다른 환경에서 자랐기에, 이들은 영어와 매체 사용이 미흡한 모습을 보인다. 이는 북한이주민으로 하여금 이들이 경제적, 사회적 측면에서 약자의 지위에 머무르게 하여(사법정책연구원, 2015), 학습 기회를 앗아가는 악순환을 자아내고 있다. 실제로 참여자 1은 공문 작성과 같은 행정업무에 적응하지 못하며 동료와 상급자에게 배우고 싶다는 의욕을 보였지만, 센터장을 제외하고는 참여자에게 어떤 도움도 주지 않아 충분한 능력을 길러내지 못했다고 한다.

직장 유지의 보호 요인에 대해 요약하자면 다음과 같다. 첫째, 직장을 유지하고 있는 참여자들은 직장 환경을 남한사회 및 일 적응을 돕는 정보의 장으로 활용하고 있는 것으로 나타났다. 그들은 단지 업무에 국한된 정보뿐만 아니라 일상생활에 유용한 여러 정보를 수집하고 남한의 전반적인 사회 흐름을 배워 나가는 배움의 장으로 활용하였다. 남과 북은 정치적으로 서로 다른 체제로 급속한 근대화 과정을 지나오면서 사회문화적 차이로 인하여, 이에 남북한 주민은 민족사적으로 같은 동포이나 사회문화적 관점에서 다른 민족이라고 할 수 있을 만큼 변모해 있다(정병호 외, 2006). 따라서 참여자들은 남한 사람과 자신의 출발점이 다르다는 것을 인식하고 처음부터 새롭게 출발하는 마음가짐을 가지며, 자신들에게 필요한 정보를 적극적으로 수용함으로써 직장을 유지했다. 예컨대 이들은 컴퓨터 전문 용어, 가죽 재단 방법 등 업무에 필요한 정보와 더불어 일상생활과 관련된 자녀 학군과 학원 정보 등의 자녀 교육에 관련된 정보, 또한 생필품을 할인된 가격에 구매할 수 있는 장소와 은행 이자율 등에 이르기까지 자신에게 유용한 정보들을 적극적으로 찾고 적용하였다. 이를 통해 참여자들은 남한 출신 동료들은 평소에 어떤 생각을 하며 살아가는지, 남한사회에서 돈은 무엇을 의미하는지, 경제적 능력이 얼마나 뒷받침되어야 하는지 등의 남한사회 분위기와 문화를 전반적으로 배울 수 있었던 것으로 보인다. 즉, 북한이주민에게 직장은 북한에서 이주하여 아주 적은 자원을 지닌 상태에서, 일상생활에 유용하거나 업무의 효율성을 증진하게 하는 정보를 얻는 기회의 장으로 기능하는 것이다.

둘째, 자신의 가족 및 지인 등과 같은 인적 네트워크 환경이 직장 생활 유지에 큰 원동력이 되어 주었다. 남한 또는 북한의 잔여 가족을 돌봐야 한다는 책임감이 강하게 드러났는데, 이러한 결과는 소수의 몇몇 연구자들이 보고(김경미, 김미영, 2019)한 내용과 일치되는 맥락이다. 선행연구에 따르면 한국사회로 이주한 남성 북한이주민들은 반복적으로 좌절과 갈등을 경험하지만, 자녀들의 안정적이고 행복한 미래를 위해서 가장으로서의 역할을 충실히 하기 위해 노력한다고 보고된 바 있다. 특히 가족의 가장인 경우, 그들은 일의 선택 및 유지과정에서 의식적, 무의식적으로 가족의 기대에 부응하고자 하였다. 심리적, 문화적 차이로 인한 제약이 있더라도, 지지체계로 인하여 일 적응 및 유지를 가능하게 하였다. 예컨대 직장 상사의 인정과 소개로 보다 나은 급여조건의 직장에 취업하거나(참여자 8), 한부모 가족에게 물품을 전달해 주고 감사의 문자 메시지(참여자 6), 상사의 인정(참여자 9) 등 긍정언어적 보상을 받는 등 주변으로부터 현실적인 취업 안내와 심리적 지지를 경험한 것으로 나타났다. 이러한 사회관계적 지지는 선행연구에서 보고된 바와 같이 전환적 직업 선택과 유지 등의 상황에서 진로장벽에 대한 부정적인 인식을 완화하고 자기 효능감이나 결과기대를 향상시키는 데 도움(Lent et al., 2015)이 된다. 이뿐만 아니라 사회적으로 낮은 계층에 속하거나 사회적 소외를 경험하는 소수인종들의 진로 발달에 보호 요인으로 작용(Navarro et al., 2014)하는 것으로 알려져 있다. 즉 사회연결망(social networks)은 이주자들의 이주결정, 이주경로 선택은 물론 정착국에서의 적응에도 중요한 역할을 하는 기제로 잘 알려져 있는 중요한 변수다(이진석, 2020). 본 연구에 참여한 연구참여자들에게 사회관계적 지지는 일을 유지하고 의미를 찾아 나가며 종종 힘든 여건을 극복하는 데 중요한 심리적 동력이 되었다고 해석된다.

이와 더불어 관계적 측면에서 그들은 남한의 직장 문화에 적응하기 위해 효과적인 관계적 기술을 터득하고 사용하는 모습을 보였다. 타인으로부터 제공되는 자원으로 개인이 지닌 모든 사회적 관계망(social network) 내의 지지적인 대인관계(김의남, 2014)를 의미하는 사회적 지지는 개인의 적응에 도움을 줄 수 있는 중요한 요인이라 할 수 있다(한명숙, 2001). 또한 참여자들은 시행착오를 겪거나 남한 출신 동료들의 지적을 받으며 직설적인 소통 방식에서 간접적으로 소통하는 방식으로 바뀌는 경향을 보였다. 일반적으로 북한 사회에서는 직설적이거나 직접적인 소통방식이 익숙한 경우가 많은데, 이는 남한 출신 동료와의 관계에서 갈등을 유발하였고, 몇 번의 시행착오 및 갈등을 겪으면서 '이제는 나를 감춰야 되겠다. 그냥 웃으면서 아, 네. 그래요?'(참여자 1) 이런 식으로 자신의 의사를 온전히 드러내지 않는 등 간접적이고 이중적인 태도로 바뀌었다. 이는 남한 직장에서의 관계 문화가 공적 관계와 사적인 관계를 구분하는 문화인 데 비해, 북한에서는 직장 내의 관계가 사적인 관계의 연장선상에 있는 문화였던 것에서 기인된 차이를 극복하는 과정인 것으로 보인다. 참여자들은 대체로 직장에 진입한 초기에는 남한 동료를 솔직하지 못하고(참여자 1), 내숭을 떠는 사람(참여자 2)으로 바라보지만, 점차 직장에서 처신을 잘하거나, 대처 능력이 좋은 사람(참여자 1, 2, 4) 등으로 해석해 나가고 있었지만 여전히 이중적인 얼굴에 대한 반감의 태도는 남아 있는 것으로 보인다. 이는 북한이주민들만의 또 다른 하위문화가 형성되어 갈 가능성을 추측하게 한다. 즉, 소통할 때 이들은 주류사회에 순응하거나 가급적 동화되고자 하며, 기존의 비판적이고 직설적인 방식에서 벗어나 예의를 갖추고 간접적으로 돌려 말하는 방식 등의 소통방식을 따르는 모습을 보일 수 있다. 그러나 한편에서는 북한이주민들만이 지닌 북한식 문화는 그대로 남아 있거나 남한의 문화가 아닌 새롭게 변형된 형태로 등장할 가능성을 배제할 수 없다.

셋째, 참여자들은 직장 생활을 유지해 나가면서 기존의 비판적인 태도에서 벗어나 자기돌봄을 포함한 수용적인 능력을 갖추어 나가는 것으로 보인다. 사회 구성원이 가지는 노동의식은 사회적 환경과 직업세계의 변화의 영향을 받고, 직업가치나 직업여건 인식은 어릴 때부터 조성된 의식의 지배를 받기도 하지만 노동자의 노동활동 시점 당시 노동시장이 처해 있는 상황에 의해서도 크게 영향을 받는다(한국노동연구원, 2009). 즉, 참여자들은 변화한 노동환경에서 북한 문화를 벗어나 남한 문화를 습득해 나가는 스스로의 모습을 발견한다. 예컨대 타인에 대한 배려 및 역지사지의 자세를 갖추거나, 적극적으로 자기돌봄(self-care)을 실행하고, 긍정적이고 낙관적으로 사고하는 등 참여자들은 기존의 비판적인 사고방식에서 벗어나 자신을 수용하는 태도를 배워 나가는 것으로 보인다. 북한에서 개인 정체성은 집단주의 질서에 복종되면서 미숙한 상태에 머무르게 만들며, 전체주의는 개인주의를 지나치게 억압하여 자아, 이성, 자율성은 내면으로 억눌리고 분열되며 개인적 실체를 모호(김윤애, 2015)하게 만든다. 한국인에게 익숙한 자기 인식 및 관리에 관한 사항은 북한이주민들에게는 생소하게 다가올 수 있으나, 직장과 조직 생활을 통해 인간관계를 경험하는 과정에서 이들의 자아 상태는 억압에서 벗어나 점차 해방되어 표출되는 것으로 해석된다. 그리고 이는 음악 감상과 커피 마시기, 뜨개질과 액자 만들기 등 취미 생활에서 심신을 돌보는 행위로 연장된다.

넷째, 참여자들은 북한이주민으로서 환경적으로 소외되고 열악한 사회적 위치에서 자신의 입지를 구축해 나가기 위해 가욋일을 하고 자격증을 취득하는 등 고군분투하는 자세로 치열하게 직장생활을 하고 있는 것으로 나타났다. 일례로, 남보다 일찍 출근하여 정리 정돈을 하고(참여자 1, 2), 강의를 마친 후에도 학생들의 질문을 받기 위해 남아 있거나(참여자 5), 주변 동료들의 책상을 정리하는 등(참여자 5) 직장에서 인정받고 자신의 영역을 확보하기 위한 많은 가외의 노력들을 찾아볼 수 있었다. 공통적으로 참여자들은 남한 동료와 비교하였을 때 자신의 출발선상의 위치를 열등하게 지각하는 모습을 보였고, 이에 남한 동료와 비슷한 능력을 획득하기 위해서는 무엇이든 그들보다 더 많이 노력해야 한다고 인식하였다. 이것은 일차적으로 참여자들에게는 생존을 위한 수단이 되었고, 이들의 부단한 노력의 결과는 남한 상사와 동료들의 인정으로 보상되었다(참여자 1, 2, 3, 4, 5). 요약하자면, 기존의 직장에서 겪었던 실패의 과정에서 습득한 전략적인 관계 기술을 습득하고, 직장 내에서 자발적으로 주어진 업무 외의 일을 도맡아 하며 직장 내에서 자신의 입지를 구축하고자 하는 노력하며, 그리고 긍정적인 낙관을 가지고 새로운 사회제도 및 체제에 적응하고자 하는 수용적인 태도는 직업 환경이 요구하는 기술이나 능력들을 갖추고자 하는 노력의 일환이라고 볼 수 있다.

다섯째, 참여자들은 직장이 주는 적절한 보상으로 인하여 직장 생활에 만족하는 경향을 보였다. 참여자들은 주변의 다른 북한이주민들과는 달리 직장에 잘 적응하고 있다고 스스로 자부하고, 남한 출신 사람에 비하면 절대적으로 열악한 근무 조건일 수도 있지만 자신이 북한이주민이라는 사실을 감안할 때 직장 생활을 유지할 효용이 있다고 판단하였다. 이러한 결과는 6개월 이상 직장에 근속한 북한이주민들은 경쟁사회의 치열함을 경험하면서도 적응하려고 노력하고 경쟁하며 땀의 가치를 알게 된 것에 대해 매우 긍정적으로 평가했던 경험을 보고한 이종은(2003)의 연구와 유사한 부분이 있다. 북한사회와 달리 자신이 노력을 한 만큼 보상을 받는 것은 참여자들의 직장 생활 유지의 원동력이 된다. 월급이라는 보수 외에도 4대 보험, 식대 지원, 특별 보너스, 명절 선물 등은 모두 보상으로 환산되었다. 이들은 축적한 경제적 자본을 활용하여 북한의 잔여 가족에게 용돈을 보내주고(참여자 5), 꾸준한 저축을 통하여 주택을 구매하는 등(참여자 1) 다양한 형태로 유용하게 사용하였다. 아울러 참여자들의 노동의 대가로 주어지는 경제적 이득은 노동의 대가로 월급을 받았을 때의 성취감과 즐거움(참여자 2), 북한 가족에게 용돈을 보내주었을 때의 기쁨(참여자 3) 등 성취감, 안락함, 기쁨 및 즐거움 등의 긍정적인 감정 상태를 동반하고 자부심을 높여주었다. 이는 참여자들이 자본주의 체제에 적응하여 경제적 자원의 중요성을 자각한 결과이기도 하고, 무엇보다 생존과 직결되는 측면에 대해 강인한 의지력을 발휘한 결과이기도 하다. 즉 이들은 일을 통해 결핍과 욕구를 채우는 것이다. 북한이주민들은 소위 안정성, 부와 명예를 가져다주는 직장은 아니었지만, 자신이 처한 환경과 상황을 묵묵히 헤쳐 나가고 주류사회에 동화되어 가면서 그들의 일을 '괜찮은 일'로 발전시켜 나간 것이라 해석된다. 이처럼 참여자들은 주도적이고 필사적으로 직장 내 위치를 확보해 나갔다.

일곱째, 일 선택 및 유지과정에서 직업 선택 및 전환의 과정에서 정부 보조금 혜택은 중요한 자본이었다. 그들은 실직이라는 실업 상황, 또는 비자발적 퇴직으로 재취업을 준비하는 과정에서 정부 보조금을 통해 기본적인 생활 유지에 도움을 받으며 새로운 일자리를 찾을 수 있었다. 결국 국가에서 제공하는 경제적 지원을 통해 연구참여자들은 보다 자신의 욕구가 반영된 혹은 주도적인 결정에 따른 괜찮은 일을 하며 살아갈 수 있었던 것이다. PWT이론에 따르면 '괜찮은 일'이란 타인이나 사회와 연결되며, 자기 자신을 실현할 수 있는 중요한 수단(안진아, 장애경, 2019)이라고 정의된다. 연구참여자들에게 정부 보조금 혜택은 그들이 지닌 일 가치에 부합한 일을 지속하거나(참여자 6, 참여자 7), 직업 전환기에 새로운 일자리를 찾을 수 있는 기회를 획득(참여자 8, 9)함으로써 현실적인 도움이 된 것으로 보인다.

직장 유지의 장벽 요인에 대해 요약하자면 다음과 같다. 첫째, 연구참여자들은 일의 선택 및 일 유지 과정에서 자신의 신체적 질병 및 심리적 취약함이 방해 요인이었으나, 이러한 상황에도 개인의 심리 내적 자원을 활용하고 약점보다 강점에 집중하는 특성을 보이며 상황적 제약을 극복해 나갔다. 이러한 결과는 PWT이론에서 조절변인으로 제시되었던 적극적인 성격이라는 요소에서 범위가 확장된 결과이다. 본 연구에 참여한 연구참여자들은 신장투석(참여자 7), 무거운 물건을 드는 일로 인한 허리협착증(참여자 6), 수면장애(참여자 6), 우울(참여자 8, 참여자 9), 소외감(참여자 9) 등 신체 및 심리적 문제가 있었다. 이는 탈북이라는 특수한 경험에서 가족 간의 이별(참여자 8, 9), 또는 아내와 아들 등 북한의 잔여 가족과 반드시 만나야 한다는 생각과 브로커 비용을 마련해야 한다는 중압감이 컸고(참여자 6, 7), 이로 인해 우울, 과민, 수면장애, 소외 및 죄책감 등 심리적 문제에 취약했던 것으로 판단된다. 연구참여자들은 자신의 신체적 질병과 심리적 문제를 극복하기 위해 열정과 자신감(참여자 6), 적극성(참여자 9), 내려놓음(참여자 7, 8), 남한 문화에 동화하는 태도(참여자 6) 및 북한 사람으로서의 자존심 발휘(참여자 9) 등 여러 개인의 심리 내적 자원을 활용한 것으로 드러났다. 이러한 요소들은 그들이 주어진 환경에서 주도적으로 일을 선택하고 유지해 나가는 데 기여하였고 근로에 기본적으로 필요한 정신건강을 확보해 나갈 수 있도록 하는 근간이 되었다. 예컨대 연구참여자 6은 소외계층을 돌보는 봉사는 경제적 보상이 주어지지 않을지라도 자신의 적성에 맞는다고 인식하였다. 또한 일주일에 세 번 신장투석을 하러 가야 하는 연구참여자 7은 오전만 근무하여 수입이 줄어들었으나, 이에 맞추어 생활하는 절약 정신을 보이고 자신의 신체적 상태를 수용하며 욕심을 내려놓은 자세를 보였다. 그러면서도 고등학교 청소업무를 단독으로 도맡아 하며, 청소의 영역과 정리방식을 주도적이고 자율적으로 선택할 수 있다는 점에서 만족감을 느꼈다. 또한 연구참여자 8은 북한 ○○광산의 일경험을 토대로 쌓아 온 기계를 다루거나 수리하는 재능을 토대로 남한에서 일을 선택하였고, 연구참여자 9는 인테리어와 관련된 뛰어난 손재주에 자긍심을 보였다. 이처럼 자신의 강점을 중심으로 자기개념을 확립하고 일경험에 접목시키는 과정을 통해 그들은 자신이 낯선 한국사회에서 어떻게 살아가야 하는지 생존방식을 터득했다.

이처럼 연구참여자들의 신체적 질병과 심리적 취약함은 일세계에서 제약 요인으로 나타나기도 했지만 오히려 자신의 강점 인식 및 활용을 통해, 현재 하는 일을 괜찮은 일로 인식하며 만족감을 경험하는 것으로 연결될 수 있음을 보여주었다.

둘째, 연구참여자들은 일경험에서 북한 사람에 대한 미묘한 차별을 경험하는 것뿐만 아니라 일관련 정보에서 부족함을 느끼고, 남한의 자격증 제도에서 문화적 차이의 한계를 경험하였다. 그럼에도 불구하고 사회 · 관계 · 경제적 지지체계를 자본으로 활용하여 극복해 나간 것으로 나타났다. 연구참여자들은 북한 사람이라는 정체성을 갖고 남한사회에서 새롭게 정착하는 과정에서 사회 전반에 깔린 북한과 북한 사람에 대한 미묘한 차별을 경험하였다. 그들은 모두 북한식 언어 습관으로 인한 불편감을 경험하였으나 중년 이후에 한국에 입국하였으므로 습관화된 언어 패턴이 고정화되어 바꾸기 어렵다고 증언하였다. 이뿐만 아니라 철도 공사 일용직에서 같은 일을 함에도 불구하고 남한 출신 동료들과 다른 급여를 받는 등(참여자 9) 보수에서도 차별을 경험한 참여자가 있었다.

셋째, 연구참여자들에게 일의 선택과 유지과정에서 가장 큰 어려움으로 나타난 점은 남한의 자격증 제도에 대한 정보를 접하고 이에 적응하는 과정이었다. 연구참여자들의 증언에 따르면, 북한에서는 자격증이 없더라도 현장에서 일을 숙달할 수 있고, 자신이 맡은 업무를 충분히 할 능력을 갖춘다면 일하는 데 크게 문제가 되지 않는다고 보고되었다. 이러한 자격증 제도에 관한 인식 차이는 연구참여자들이 일자리를 얻는 과정에서 대학 진학 등 새로운 진로 경험을 하게 하였는데, 한 예로 참여자 7의 경우 북한 대학에서 공부를 했음에도 한국에서 다시 자동차 관련 학과에 입학하여 학업을 수행해야 했다. 따라서 연구참여자들은 북한에서 쌓은 일의 능력이 인정받지 못하는 상황을 경험함으로써 '북한 사람'이라는 정체성의 혼란을 겪고, 비용과 시간을 들여 새롭게 학습을 시작하고 일자리를 구해야 하는 과정에서 상당한 심리적 압박감을 경험한 것으로 이해된다. 따라서 북한이주민들이 북한 사람이라는 사실과 북한에서의 일경험 및 경력이 쓸모없게 됨으로써 발생할 수 있는 사회구조적 문제에 관해 적극적으로 논의가 진행될 필요가 있다. 북한이주민들이 북한에서 일경험이 있고 충분한 업무수행 능력이 있다고 판단되는 경우, 남한사회의 자격 제도에 대한 정보를 주고 새롭게 능력을 발휘할 수 있는 직업의 장으로 연계하는 것이 필요하다. 또한 자격 구조 등이 남한사회와 매우 다른 구조와 방식을 지닌 경우 그들의 교육 경험에 맞는 자격을 취득하도록 돕거나 특별, 임시 자격 및 면허를 부여함으로써 안정적인 급여를 받으면서 추후 정규 자격을 취득하거나 면허로 변경할 수 있는 식의 제도를 마련할 필요도 있겠다.

보호 요인과 방해 요인을 종합해 보면, 일을 선택하고 유지해 온 북한이주민들이 사회적 소수자로서 신체적, 심리적 관계 및 경제적 제약을 경험함에도 불구하고, 자신이 바라는 미래를 설계하기 위해 주도적으로 역할하며 자신의 심리 내 · 외적 자본 및 강점들을 활용함으로써 환경적 제약을 극복해 나감을 알 수 있었다. 이는 일의 심리학 이론이 제안한 바와 같이, 심리 내적 자원인 열정, 적극성, 내려놓음 등의 자원과 더불어 신체적, 심리적 취약성 및 경제적 제약이나 북한 사람들에 대한 미묘한 차별과 고정관념과 같은 장벽이 경험되는 상황임에도 불구하고 괜찮은 일을 지속하고 일상에 만족감을 얻는다는 것을 확인하는 것이다. 이와 더불어, 이러한 북한이주민의 일경험은 일의 심리학 이론이 제안한 바와 같이, 남한에서 기본적인 생계를 유지하도록 하여 생존의 욕구를 충족시킬 뿐만 아니라 타국의 잔여 가족과 상봉하게 하거나 경제적으로 돌보는 것을 가능하게 하여 가족의 기본적인 생계를 책임지고자 하는 욕구를 채워주었다. 이와 더불어 사회연결망을 통해, 타인과의 친밀한 관계를 통해 자신의 존재감을 확인하고 고된 일 가운데에서도 관계를 통해 소소한 일상의 즐거움과 관계적 욕구도 충족되고 있음을 확인할 수 있었다.

이로써 제안되는 바는 다음과 같다. 취업을 희망하는 북한이주민들에게 실질적으로 유용성을 갖게 되는 체계적인 심리상담, 교육 및 코칭 가이드라인이 필요하다. 이러한 상담 및 교육 매뉴얼 개발은 PWT에서 다룬 변수들을 통합적으로 고려하여 만들 때 그들의 구직활동, 취업 및 일 유지에 큰 도움을 줄 수 있을 것으로 보인다. 앞서 연구결과로 도출된 주요 변인에서 알 수 있듯이, 개인의 강점 개발, 각종 정보를 유용하게 얻을 수 있는 사회연결망 형성 등 북한이주민이라는 특수한 위치에서 발생할 수 있는 사회적 맥락을 고려한 전문상담사와 교육자가 하나센터에 배치되어, 사례를 관리할 필요가 있다. 이는 북한이주민들이 직업의 안정성을 확보하고 노동시장에서 적극적인 경제활동을 가능하게 하면서 자신의 일에 만족하는 괜찮은 일을 통해 성장하는 이주자로 살아갈 수 있도록 할 것이다. 아울러 북한이주남성들의 심리적 특수성을 고려한 프로그램 운영의 유연성, 취업지원 제도의 체계화와 전문화를 통해 직무기초능력 향상 상담 및 프로그램 개발이 필수적일 것이다.

또한 괜찮은 일은 개인이 소속된 환경과 문화 혹은 개인의 상황에 따라 구성요소와 특성이 상이할 수 있으나(Duglass et al., 2017), 대체로 주관적 만족과 더불어 환경의 경제 · 구조 · 관계 · 물리 · 환경적 여건이 최소한의 수준을 충족하는, 즉 수용하거나 받아들일 수 있을 정도의 일을 의미한다. 즉, 좋은 일(good work)과는 구분되는 개념이라고 볼 수 있는데, 국제노동기구(International Labor Organization, 2012)의 기준에 따르면 대인관계 및 육체적인 상황 모두 안전한 근무상태, 자유시간과 휴식을 보장하는 근무시간, 가족 및 사회적 가치에 부합하는 조직의 가치, 적정한 보상, 그리고 건강보험이 괜찮은 일의 5가지 특징이다. 하지만 국내는 국가 단위의 의료건강 보험이 비교적 안정적이므로 의료보험 이외의 복리후생이 괜찮은 일의 속성으로 고려될 필요가 있다. 추가적으로 학벌과 스펙 과잉 경쟁과 더불어 고용불안정성을 안고 있는 국내의 직업시장 특성을 고려하면 가족 및 사회적 가치에 부합하는 조직의 가치가 국내에서도 괜찮은 일의 특성일지는 미지수이다. 즉, 괜찮은 일의 개념과 조건은 문화마다 상이하며 보다 정교하게 개인의 특성이 고려된 일경험을 포함하는 괜찮은 일의 개념 설정, 표준화된 척도개발 등 보다 진전된 연구의 시도가 필요하겠다.

구체적으로 북한이주민들의 경우를 토대로 살펴보면, 이들은 현재 자신이 하고 있는 일을 지속하면서 심리적 및 관계적 및 존재감 확인 등의 욕구를 충족하고 있다고 보고하였고, 이로 인해 일상에 만족하며 현재 하고 있는 일을 괜찮은 일로 지각하고 있었다. 즉 괜찮은 일의 객관적인 요소로 안전한 직무환경, 자유시간과 충분한 휴식 보장, 가족과 사회적 가치에 부합하는 기업가치, 일에 대한 적절한 보상, 복리후생 제도(Duffy et al., 2017)들이 모두 충족되지 않아도 괜찮은 일이라고 지각하고 있음을 뜻한다. 이에 향후 북한이주민의 일경험에 관한 연구를 수행할 때, 괜찮은 일의 객관적인 조건뿐 아니라 주관적인 조건, 즉 개인적 만족을 야기하는 주관적인 조건에 대해 괜찮은 일개념을 적용하여 관련된 여러 변인을 탐구할 필요가 있겠다.

7) 북한이주민의 직장 유지를 돕거나 방해하는 요인: 인구사회학적 변인에 따른 차이

북한이주민의 직장 유지를 돕거나 방해하는 요인은 유사하게 나타날 수 있지만, 현상을 자세히 들여다본다면 북한이주민의 인구사회학적 변인에 따라 상이해짐을 알 수 있다. 이러한 인구사회학적 변인에는 성별, 북한에서의 계층 차이, 남한에서의 가정 유무, 연령 등으로 나타났다.

첫째, 성별에 따른 차이는 북한이주민들의 적응 양상의 차이를 가장 두드러지게 하는 요소이다. 북한이주남성의 특징에 관한 보고를 살펴보면 그들은 직설적이고 자존심이 강하며 참을성이 부족하고 실패나 좌절에 큰 절망과 우울감에 빠지는 경향이 있는 것으로 나타났다(김성연, 김현주, 2019). 북한이주남성들의 초기 심리적 적응 수준에 영향을 미치는 요인에 관해 연구한 최영아 외(2009)는 탈북남성들이 불안관련 장애와 조증, 정신분열증, 경계선적 정신장애, 반사회적 정신장애, 자살 충동, 스트레스 수준이 높고, 음주나 약물 남용 등의 방법으로 현실을 회피하는 경향이 있다고 밝혔다. 이러한 심리적 어려움과 더불어, 노동 경험에서도 북한이주남성들이 일용직이나 단순노동에 종사하는 비율이 높고 직업적으로 만족도가 떨어지는 편이다(김성훈, 이윤호, 최재용, 2015). 탈북남성과 여성이 인지한 적응의 어려움과 극복 자원을 비교 분석한 김미령(2005)은 탈북남성이 여성보다 직업과 구직에 있어 더 큰 어려움을 겪는다고 하였다. 탈북중년남성의 직업 적응을 살펴본 김성연(2017)은 이들의 잦은 이직을 취업 준비에 대한 인식 부족, 지원정책의 한계, 통제와 간섭에 대한 불편함, 성과에 대한 획일화된 평가 기준이 복합적으로 작용한 결과라 설명한 바 있다. 이와 더불어, 북한이주남성들의 일과 관련된 방해 요인들을 몇몇 선행연구를 통해 찾아볼 수 있었다. 또한 노정화와 김현주(2018)에 따르면 북한이주중년남성들은 생산성과 직업적 성취를 뒷받침할 수 있는 가족원의 유대감이 제한되고 남한 문화에 대한 적응의 차이를 경험함으로써 직업에 영향을 받는 것으로 나타났다. 또한 사회관계망이 가족 탈북자들의 경우 가족으로 한정되는 경우가 많고, 혹은 이주과정에서 가족관계 응집력이 약화되거나 사회적 소외감, 편견 및 차별을 경험하게 되는데 이는 일 관련 주요 방해 요소로 꼽혔다.

둘째, 북한에서 계층의 차이는 남한에서 직업 선택의 폭을 넓히거나 좁히기도 했다. 예컨대 참여자 5는 북한에서 대학교 선생으로 엘리트 출신인데, 몸을 쓰는 일을 주로 하는 다른 참여자들과는 달리 직업 훈련을 통해 강사 자격을 취득하고 컴퓨터 강사로 근무하고 있었다. 또한 계층의 차이는 인적 네트워크의 구축 및 활용에서도 두드러졌다. 이는 북한에서의 사회적 지위가 유지되는 것이라고 볼 수 있다. 그러나 북한을 제외한 타국에서 한국으로 이주한 다른 외국인들과 달리 북한에서 학업하고 근로했던 경력은 충분히 인정받지 못하는 것으로 드러났다. 이는 북한사회의 폐쇄성과 관련이 있으며 북한에서 인재를 육성하는 방식에 대해 잘 알려지지 않았다 보니 '주먹구구식'일 것이다 등의 고정관념이 영향을 미쳤을 수 있다. 이 외에도 출신 배경은 다양한 방식으로 영향을 미쳤다. 실제로 남한에서 직장 생활을 유지하게 해 주는 것이 북한에서 당이나 행정기관의 고위 간부였던 경험, 높은 학력 등으로 나타난 바 있다(윤덕룡, 강태규, 1997; 안혜영, 2001). 또한 배영준(2011)은 북한 이주민들의 일경험과 직장 생활에 긍정적인 영향을 미치는 내·외적 변인들에 관하여 탐구하였는데, 북한에서의 학력, 직업, 계층 중에서 계층의 효과가 특히 유의한 것으로 나타났다. 또한 북한에서의 학력과 직업의 경우 거주 기간과 상호작용 효과가 나타나지 않았는데 이는 각 요인의 영향이 일관적이지 않고 시기적으로 차이가 났던 것을 시사한다. 반면 상층 출신이라는 계층 및 인적자본은 거주 기간이 곱해졌을 때 각종 종속변수에 더 뚜렷한 효과를 나타내 거주 기간이 오래될수록 그 효력이 증가한다는 것을 확인하였다. 안혜영(2000)은 북한이주민들의 배경 학력이 높은 경우 취업률이 높다는 것을 밝혔다.

셋째, 혼인 여부를 비롯하여 부양할 가족이 있는지 역시 일경험에서 큰 차이를 두드러지게 했다. 참여자들은 직장과 가족 및 지인 등 자신에게 의미 있는 타인들을 보며 직장 생활을 유지해 나갈 수 있는 동기를 얻고 있는 것으로 나타났다. 그러나 이와 동시에, 탈북이라는 특수한 사건을 경험한 연구참여자들의 경우 남성이라는 신분에 북한이주민이라는 정체성이 부여하는 이중 억압으로 인해 일 선택 및 유지과정에서 심리적 압박감, 스트레스 등을 겪었다. 이는 과도한 도배 일로 인해 허리협착증 수술을 하거나(참여자 6), 혹은 쉼 없이 생계를 위해 일하다가 무리한 탓에 신장투석을 평생 해야 할 정도로 건강이 악화되었으며(참여자 7), 불안, 우울 등 심리적 문제로 수면장애를 겪고 약물을 복용하였다는(참여자 8, 9) 증언이 그들의 이중고를 잘 증명해 준다.

넷째, 연령에 따른 차이 역시 일경험을 상이하게 한다. 그 이유는 연령은 단지 신체 노화의 차이로 한정 지어지지 않고, 북한사회에서 무엇을 경험했느냐에서도 차이를 낳기 때문이다. 예컨대 중년의 북한이주민들은 북한에서 70년대의 3대혁명소조운동, 80년대의 3대혁명 붉은기쟁취운동 등의 독특한 문화적 경험을 한 세대라는 특징을 가진다(이철우, 2005). 이처럼 북한사회에서도 정책, 경제적 상황, 국제 정세가 계속해서 변화해 온 만큼 각 연령별로 경험한 것이 상이하다. 특히 최근 코로나의 확산으로 국경이 엄격하게 봉쇄됨에 따라, 남한으로 이주한 북한이주민의 수가 급격하게 줄어들기도 하였다. 이처럼 북한사회에서 무엇을 경험했느냐에 따라 이들의 직업 능력, 남한사회에 대한 시선 등이 달라지고 그 결과 적응에 요구되는 자원의 질과 양 역시 달라진다.

따라서, 북한이주민들의 일경험 및 보호와 장벽 요인 관련 연구에서는 탈북 시기, 제3국 경유국 거주 기간, 남한 입국 시기를 고려한 다양한 계층 표집에 관한 연구가 필요하며, 고난의 행군 시기를 겪었는지, 또한 북한에서 계층이 어떠했는지 등 연령, 계층, 경제적 여건 등을 고려한 연구가 다양하게 진행될 필요가 있다.

제2장 남한 출신 종사자들의 시각에서 살펴본 북한이주민들과의 일경험

이 장에서는 북한이주민들과 일경험이 있는 남한 출신 종사자들의 생생한 증언을 살피고자 한다. 이를 위해 두 개의 연구사례인 「남한출신 복지관련 종사자는 북한 동료를 어떻게 바라보는가」(전주람, 신윤정, 2018)와 「북한이주민과 근무하는 사람들의 직장 생활 경험에 관한 혼합연구」(전주람, 신윤정, 2020)[2]를 토대로 논의해 보고자 한다. 분량의 한계로 인해 각 연구에서 미처 싣지 못한 남한 동료들의 담화문을 활용하여, 보다 구체적으로 경험을 되살리고자 한다.

1. 북한이주민과 일상을 나누는 '남한 동료의 인식'의 중요성

주류, 즉 대다수의 남한 주민들이 어느 수준과 방식으로 북한이주민을 사회의 구성원으로 받아들이려 하는지에 대한 이해는 북한이주민의 남한사회 적응에 핵심 요인이다(윤인진, 송영호, 2013; 권수현, 송영훈; 2015). 전문가들 또한 정치경제적 통합보다 사회문화적 통합이 더 어려운 과제라 보고하고 있으며(윤영돈, 2019), 한국사회 역시 사회문화적 통합에 대비하는 시급함이 강조되고 있다. 이에 사회

---

2 이 장에서 소개한 연구는 모두 게재된 해당 학회의 재수록 동의를 얻어 재구성하였음을 밝힙니다.

문화적 영역에서 일상생활(daily life)에 주목하는 것은 중요하다. 분단 이후 남북한은 이념을 시작으로 감정, 가치관, 생각 등 문화적 차이가 발생하였고, 이는 일상생활의 실제 삶 속으로 스며들게 된다. 따라서 분단의 역사 속에서 서로 다른 방식으로 구성된 문화의 요소들을 포괄적으로 검토하는 것은 사회문화통합을 이루는 기본 토대가 될 수 있다.

앙리 르페브르(Henri Lefebvre)는 일상생활을 인간의 전체성 관점에서 설명하였는데, 인간은 욕구, 노동, 놀이와 즐거움을 찾는 세 가지 차원으로 파악하며 이 세 가지 차원이 유기적으로 통합될 때, 비로소 참된 인간의 모습이 현실화된다고 언급했다(Michel Maffesoli, 1979/2016). 우리가 발붙이고 살아가는 일상을 다루는 것이 중요하며, 이는 곧 우리가 살아가는 사회의 분위기를 결정하므로 중요한 연구 주제가 되어야 한다고 본 것이다. 매일 반복되는 것 같은 삶, 흔하디흔하게 느껴지는 일상, 똑같은 업무, 언제나 마주치는 사람들과 사물일지라도, 이 모든 사건도 일상이라는 밑바탕 없이는 존재할 수 없기 때문이다. 즉, 일상생활에 대한 연구는 사회에 대한 개념화이자 평가를 내포하므로 일상성을 우리가 속한 사회를 이해할 수 있는 단서로 간주하는 것이 중요하다. 따라서 남한과 북한 간의 관계, 통합 등에 관심이 높은 요즘, 남북인이 함께하는 일상생활을 다각도로 탐색하는 것은 궁극적인 남북한의 사회문화적 통합 차원에서 매우 중요하며, 실천적 측면에서도 필요한 일이다.

북한이주민은 헌법에 따르면 대한민국 국민에 속하나, 이와 같이와 같이 상대적으로 명료한 신분 보장과 달리 법적 신분 보장과 달리 북한이주민의 문화적 변화는 복잡하다. 북한이주민은 낯선 남한 땅에서 생존을 위해 그들이 원하든 원치 않든 '남한 사람'으로 변화해야만 한다. 북한이주민의 일상은 원래 남한에서 살아오던 '남한 사람'들과는 의식주, 여가, 언어생활, 인간관계 양상, 노동에 대한 이해 등 대부분의 삶에서 상당히 다르다. 북한이주민이 기존에 경험했던 공산주의 체제와 달리, 남한에서는 자유가 보장되어 자신만의 능력과 특색으로, 선택에 의해 인생을 능동적으로 꾸려나가야 한다. 따라서 남한의 삶은 자신들의 기존의 생활과 많이 다르므로 심리적 적응 과정에서 검열의 과정을 겪으며 변화한다. 예컨대, 외모와 옷차림, 언어 습관 등 외적으로 보이는 요인뿐만 아니라, 사상, 이념, 가치관 등의 신념까지 문화의 혼합으로 인해 다방면에서 갈등을 겪게 된다. 이와 같은 과정에서 북한 문화의 일부는 퇴색되며, 남한 문화를 체득하고 학습하는 등 변화의 격동기를 겪으며 새로운 문화를 형성한다. 그리고 이러한 모든 과정에서 북한이주민의 상대편에는 남한 사람들이 있다.

이 장에서는 다양한 일상 중 북한이주민과 남한 주민이 가장 직접적으로 마주하게 되는 영역이자 북한이주민의 생계와 밀접한 '직장 생활'에 대해 탐색한다. 직장은 실제 업무를 함께 함으로써 양적 및 질적으로 높은 수준의 상호작용이 활발하게 이루어지는 접촉 지대(contact zone)라고 볼 수 있다(윤철기, 양문수, 2013; 이수정, 양계민, 2013; 김중태 외 2016). 보다 구체적으로, 직장은 친밀하고 가까운 관계를 형성할 수 있는 구성원이 존재하고, 깊은 관계로 발전할 수 있는 가능성을 제공하므로 남한 주민이 북한이주민 동료들의 일상과 삶을 면밀히 확인할 수 있는 공간이라 할 수 있다.

또한 북한이주민의 남한사회 정착에서의 선결 요건이 '경제적 자립'임을 고려했을 때, 직장 생활은 북한이주민의 남한사회 적응에 있어 가장 우선적으로 고려해야 한다고 해도 과언이 아닐 것이다(강창구, 2012). 다시 말해, 북한이주민이 직장 생활을 한다는 것은 수입을 통한 경제적 안정을 얻는 이상의 의미를 지닌다. 그들은 직장 생활을 통해 자신의 소질과 능력을 발휘하여 자기 가치를 발견하고 삶의 보람을 느끼며(이종은, 2003), 자기 나름의 가치관을 정립하고, 정체성을 확립해 나가며, 원만한 인간관계를 통해 자아실현을 이루어 나간다(김중태 외, 2016). 즉, 북한이주민에게 안정적인 직장 생활은 생존을 위한 자원을 얻는 공간임과 동시에 남한 주민으로서의 정체성을 구축해 가며 남한의 삶에 정착할 수 있게 돕는 밑거름이라 볼 수 있다.

현재 남한에 거주하고 있는 북한이주민은 현재 소수만이 안정적이고 지속적인 직업 생활을 영위하고 있고, 다수의 사람은 직장 생활의 부적응으로 인해 이직률이 높다(윤인진, 2005). 이때 직장 생활에 미칠 수 있는 요인들로서, 박상옥과 최늘샘(2011)은 북한이주민들이 자신의 정체성이 노출될 것을 걱정하여 남한의 표준어를 사용해 자신의 정체성을 숨기고자 한다고 언급하였다. 또한, 상호비판과 자기비판이라는 형식으로 다른 사람에 대한 공개적인 평가와 지적이 일상화된 일환으로 나타난 북한이주민들의 직설적인 화법은 남한 사람들과의 의사소통 과정에서 오해와 갈등을 불러일으킬 수 있다(조정아 외, 2006). 이러한 북한식의 문화적 생활양식은 직장 생활 내에서 남한 동료에게 이질적 모습으로 다가올 수 있으며, 사회문화적 통합을 위해서는 남한 동료의 실제 생각과 증언을 살피는 과정은 중요할 것이다. 즉, 북한이주민에 대한 남한 주민의 인식과 태도를 탐색하는 것은 북한이주민의 건강한 남한 정착 그리고 한국의 통일을 위한 사회적 역량 증진과 관련된 정책 개발을 도울 수 있다는 점에서 필수적이라 할 수 있다.

따라서 이 장에서는 일반적인 남한 주민이 아닌, 북한이주민과 직장 생활을 함께 하고 있는 남한 주민을 대상으로 북한이주민 동료에 대한 인식을 탐색한다. 이를 통해 남한 주민이 기존에 가지고 있었던 북한이주민에 대한 고정관념 및 시각과 더불어, 생생한 증언이 반영된 직장 생활 경험, 협력하고 갈등을 겪으며 형성되는 이전과 다른 시각과 사고를 함께 살펴볼 수 있을 것이라 생각한다.

이에 가장 우선적으로 남한 주민의 북한이주민에 대한 인식과 태도를 살펴보고자 한다. 실제로 북한이주민들에 대한 남한 사람들의 인식과 태도는 복잡하게 나타나고 있다. 윤인진과 채정민(2010)에 따르면, 남한 주민 1,019명 중 43.9%가 북한이주민을 '북한 출신 남한 사람', 42.9%가 '북한 사람', 11.2%가 '남한 사람', 1.2%가 '동포'로 인식한다고 응답했다. 또한 남한사회는 그들을 '비국민', '배신자', '가난한 자'로 인식하여, 북한이주민들에 대한 이미지 형성 과정과 통념은 단지 차이로 인식되기보다 구별의 기제로 작용하고 우월한 남한 중심의 시각에서 북한을 경제적으로 낙후한 후진국, 북한 사람은 굶어 죽어가는 불쌍한 연민의 대상(강주원, 2002; 강주원, 2013)으로 바라보기도 한다. 권수현(2011)의 연구에서는 남한 사람이 북한이주민에 대해 '민족'이라는 인식은 갖고 있으나 친근함이라는 감정으로 이어지는 것은 아니라는 결론을 시사하였다. 또한 김영기(2018)가 2011-2014년 한국종합사회조사(KGSS)의 자료를 분석하여 남한 주민이 북한이주민에게 느끼는 친밀감에 관한 변화추이를 분석한 결과를 보면, 북한이주민에 대한 남한 사람의 친밀감은 매년 낮아지고 있는 것으로 나타났다. 남한 주민과 북한이주민의 마음에 대한 비교연구에서도 남한 주민은 북한이주민의 특성이 무엇이 있는지 잘 인식하지 못했고, 북한이주민에 대한 편견이 있음을 보고하였고 이는 무지에서 비롯되었음을 밝혔다(양문수, 이우영, 2019).

이와 같이 전쟁, 분단이라는 역사적 비극을 배경으로, 현재 남한 사회에서 북한이주민은 남한 사람에게 '동포', '한민족'과 같은 정체성 외에도 '가난한 자', '불쌍한 자', '도움을 필요로 하는 자', '우리와 다른 사람', '친밀하나 가족이긴 어려운 대상' 등 다양한 정체성으로 인식된다. 북한이주민을 바라보는 편견과 부정적인 시선, 무지로 인한 오해는 여전히 존재하며 해결해야 할 과제로 남아 있다(노길수, 2020).

직장의 영역으로 구체화하여 살펴보았을 때도 이와 같은 보편적인 편견과 부정적인 시선, 무지로 인한 오해는 영향을 미치고 있다. 이미 진행된 이전의 연구들에 따르면, 실제 북한 이주민 근로자를 고용한 기업주들이 지각한 어려움으로 한국 문화 및 생활관습의 차이, 인력 확보의 어려움, 낮은 애사심과 기능, 내국인과의 갈

등, 높은 사업장 이탈률 등이 분석되었다(김화순, 2011). 또한 남한 출신 관리자와 북한 출신 근로자의 상호인식을 직장 생활 중심으로 탐색한 연구에서도 남한 관리자들은 북한 근로자들의 업무능력 부족, 업무태도와 자세 및 대인관계 등 개인적 차원의 문제를 주요 장애 요인으로 인식하였다(김중태 외, 2016).

이에 직장에서 북한이주민과 근무하고 있는 남한 동료의 실제 직장 생활 경험이 어떤지 생생히 포착하고, 경험을 통해 어떤 변화가 있는지 살피는 과정은 중요할 것이라 시사된다. 이를 통해 '직장 생활'이라는 구체적인 맥락 내에서 남한과 북한의 사회문화적 통합을 이루는 실질적 방향성을 탐색할 수 있을 것이다.

2. 남한 동료가 경험한 북한이주민의 직장 생활

1) 북한이주민과 일하는 남한 출신 동료 4인

북한이주민과의 직장 생활 경험을 진솔하게 공유해 준 남한 동료는 복지관련 기관에 종사하는 4명이다.

〈표 9〉 남한 동료들의 인구통계학적 정보

남한 동료	연령	성별	거주지	근속연수	북한 동료와 직위관계
1	20대	남	서울	36–38개월	북한 동료의 상사
2	30대	여	경기	9–11개월	북한 동료의 상사
3	40대	여	경기	12–13개월	북한 동료와 동급
4	50대	여	경기	10–11개월	동급에서 인터뷰 중 상사로 변경

복지관련 기관은 기관의 특성상 직원들 간의 충분한 의사소통, 네트워크 그리고 팀워크가 요구되고, 사회적 성향이 강해 타인과 상호작용을 선호하는 성격적 특성을 가진 사람들이 선택하는 직장 환경으로서(Holland, 1959), 친분 가능성(Cook, 1978)이 높고, 충분한 물리적 및 언어 · 심리적인 만남과 상호교류를 통해 의미 있는 사회적 관계가 생성될 가능성이 높다. 따라서, 이러한 환경적 특성은 북한이주민과 함께 근무하는 남한 사람들로 하여금, 의식적 혹은 무의식적으로 지녔던 북한이주민에 대한 자신의 기존 인식을 점검할 수 있게 하며 새로운 북한이주민 동료에 대한 특성과 정보를 얻어 새로운 인식과 태도를 형성할 수 있다는 점에서 긍정적인 환경으로 작용한다.

저자와 남한 동료와의 만남은 2017년 7월부터 11월까지 약 5개월 동안 진행하였다. 면담에서는 전반적 근무 경험, 동료 간의 갈등 경험, 탈북이주민과 근무할 때의 장점과 단점 등 다양한 내용을 다루었다. 면담은 Siedman(2013)이 언급한 3단계 방법으로 진행되었고, 반구조화된 면접(semi-structured interview) 방식으로 실시하였다. 첫 번째 만남에서는 남한 동료의 생애사에 초점을 맞추는 것을 시작으로, 북한 동료와 일하게 된 동기와 배경, 복지관련 기관 취업 경위, 북한 동료와의 직장에서의 관계 등을 중심으로 면담을 진행하였다. 또한 현재 직업, 근속연수, 가족 양상, 거주지 등 인구사회학적 정보도 만남을 통해 확인하였다. 두 번째 만남에서는 '북한 동료를 바라보는 시선'이라는 주제를 두고 남한 사람들의 세부적인 사고와 인식을 탐색하는 것을 목표로 하였다. 북한 동료와 첫 만남 때의 인식, 느낌 그리고 북한 동료와의 근무 경험, 근무 시 좋았던 점 및 어려운 점, 북한 동료와 근무하면서 겪은 에피소드 등의 주제로 대화를 진행하였다. 마지막 세 번째 만남에서는 남한 동료가 경험의 의미를 되돌아보는 데 초점을 두었다. 구체적으로 남한 사회의 직장에서 북한 동료와 근무하면서 자신이 변화한 점, 직업 정체성과 그 의미는 어떠한지 등을 중심으로 면담을 진행하였다.

이들이 공유해 준 북한이 주민과의 생생한 직장 생활 경험은 다음과 같다.

〈표 10〉 남한 동료가 경험한 북한이주민의 직장 생활 내용 개괄

구분	대주제	소주제
첫인상	가깝고도 먼 어려운 존재	익숙한 외모의 낯선 외국인
		다가가기 힘든 경계하는 마음
갈등 1	남한과 북한 간의 언어규범 차이와 간극	불편한 언어소통체계
		직설적 화법으로 인한 불쾌함
갈등 2	기대에 못 미치는 업무 능력 및 태도	미숙한 행정능력
		직장 복장 코드의 차이
		매너와 상식에 대한 이해 부족
		감정 조절이 필요한 자
갈등 3	과거 사상교육으로 인한 경직과 수동성	발현되지 않는 창의력
		충성스러운 태도
		체득된 비판문화
갈등 해결 1	우월한 입장에서 제공하는 도움	직장 생활 전반에 적응을 돕는 자
		업무 면에서 북한 동료의 지도자이자 멘토

구분	대주제	소주제
갈등 해결 2	정을 나누는 관계 속 발견하는 강점	거침없는 흥과 끼
		나눔의 정신
		뛰어난 암기력
		강인한 정신력과 신속한 태도
진정한 이해 1	북한 동료의 삶을 수용하며 겪는 복합적인 감정	드라마틱한 인생
		연민의 대상
		뿌리 없는 삶의 어려움
진정한 이해 2	북한 동료의 생존을 위한 노력	절실한 성실함
		투철한 절약 정신
노력 1	북한 동료와의 관계적 차원	배려와 이해, 존중과 포용
		언어적 소통을 위한 노력
노력 2	직장 내 중간 역할 수행	
노력 3	스트레스 해소 및 북한 동료 수용 방법 체득	

2) 북한이주민과 일하는 남한 출신 동료들의 경험: 가깝고도 먼 어려운 존재

남한 동료들은 북한 동료를 처음 마주했을 때를 회상하며 긴장감, 어색함, 두려움, 낯섦, 그러나 특별한 경험임을 공통적으로 보고하였다. 그리고 기존에 가졌던 북한사회 혹은 북한 사람에 대한 부정적인 인식으로 인해 스스로가 북한 동료와 직장 생활을 함께 잘 해 나갈 수 있을지에 대해 걱정했다. 한민족이라 느끼며 자신과 크게 다를 바 없을 것이라는 생각과 달리, 처음 만난 북한 동료는 눈썹의 형태, 얼굴 골격, 이목구비 등이 다소 다르게 느껴졌고, 메이크업 방식도 보편적인 남한의 방식과는 다르게 느껴졌다. 그리고 이와 같은 이질감과 다름은 북한의 문화로 인식되고 수용되는 것이 아니라, 중국 사회와 연결되며 열등하고 부족하다고 인식되었다. 또한 남한 동료들은 북한 동료들과 눈빛과 표정에서 자신을 경계하고 다소 차가운 느낌을 받았음을 보고하면서 다가가기에는 먼 동료이며 남한 출신 동료와는 다르다고 공통적으로 보고하였다.

〈익숙한 외모의 낯선 외국인〉

특이하고 이상한 점보다는 다르다고 느끼는 건 있죠. 이목구비, 눈썹 이런 전체적인 생김새가 달라요. 얼굴 골격이나 표정, 눈썹 같은 데 보면 확실히 좀 달라요. 북한에서 오셨나 이런 생각이 들어요. 그 지역에 맞춰서 유전자가 그렇게 된 것이 아닐까요? 꾸미는 것도 확실히 다르긴 하고요. 또 추운 데서 살다 오셔서 피부도 거칠고, 대체적으로 잔주름 같은 것도 많으시더라고요.

아 그러니까, 좀 뭔가, 그때 그 생각이 좀 강하게 들었던 거 같아요. 남성분을 처음 모시고 올 때였는데. 사실 안에서 되게 긴장한 상태에서 제가 룸미러로 계속 뒤를 쳐다봤어요. 왜냐면은 눈빛이나 그런 게 되게 무섭게 느껴지고. 그 다음에 갑자기 막, 그, 운전할 때. 예예. 제가 운전하고 모시고 오는데, 그 사람은 그런 의도가 전혀 없음에도, 좀 뭔가 이게 훈련, 고된 훈련을 받고 온, 그 그런 이미지? 그런 것도 있고. 하나원에서 오실 때, 혹시나 신체적으로 해를 가하지 않을까? 이런 망상들 있잖아요. 그, 그런 생각들이 들긴 했었어요. 어… 그때 조금 제가 말씀해 드린 것 중 하나가 군대 다녀오고 나서 또 생겼다고 얘기했던 거 같긴 한데요. 똑같은, 비슷한 얘기 해도 되나요? 저 이제, 워낙에 미디어에서 동료로 나오는 것보다는 간첩으로 나온다든지. 그, 이제 적으로 인식되는 뉴스 기사를 그런 것들 많이 접하다 보니까 당연히 좀 괴리감도 들고, 무서웠죠. 네. 처음 만나보는 계층이고 하니까… 그냥 분위기가 너무 싸하니까, 좀 풀고 싶은 느낌도 있었고. 그다음에 저는 제 위치상 그런 어떤, 친밀관계를 형성해야 되니까, 그런 의미들도 있었고요. 없으셨죠. 워낙 지치셨으니까 일단은. 또 긴장되기도 하고. 사회에 처음 나오시다 보니까. 그럼에도 그때 당시에는 그냥 그 겉모습과 기존의 그 이미지들 때문에 잠깐 '좀 무섭다'라는 표현을 했던 것 같아요. (남한 동료 1)

낯설었어요. 외모서부터 말투며 다르시더라고요. 눈썹 그리시는 거며 머리 스타일이며 그 특이한 그게 있어요. 그래서 아, 이건 뭐지, 북한에서 유행하던 패턴들, 젊었을 때 하던 패턴들 그걸 이제 하시는데…. 우리가 중국 여행 가면 한국 사람인 거 알아보잖아요. 그런 것처럼 그 특유의 그게 있더라고요. (남한 동료 3)

〈다가가기 힘든 경계하는 마음〉

보호본능이, 그러니까 자기 울타리를 굉장히 지키려고 하는 막 새끼 낳은 개 있잖아요. 막 새끼 낳은 개. 막 자신을 지키려고 하는 그 생각이 딱 가장 먼저 들었어요. (남한 동료 2)

북한을 탈출해서부터 정착을 하기까지 외부 사람에게는 그 경계의 눈빛을 보낼 수밖에 없는 것을 알게 됐어요. 경계를 많이 하니까 처음에는 조심스러웠어요. 누구에게 다가가는 일을 하는데 내가 '그런 눈빛을 보낸다고 해도, 접근을 안 하면 안 되겠다'는 생각으로 자꾸 얘기를 하게 되었어요. (남한 동료 4)

3) 북한이주민과 일하는 남한 출신 동료들의 경험: 남한과 북한 간의 언어규범 차이와 간극

남한 동료들은 북한 동료와의 직장 내 언어 소통 과정에서, 자신과 다른 말투, 표현 양식, 문맥상 다른 단어의 사용, 호칭 문화 등 언어 구조와는 관계가 없는 맥락 속에서의 언어사용과 관련된 화용론적인 부분에서 차이와 불편함을 경험했다. 또한 남한 동료들에게 북한 동료의 직설적인 언어 사용에서 비롯된 불쾌감은 단순한 이질감뿐 아니라 가장 큰 어려움으로 이어졌다. 이에 남한 동료들은 북한 동료들이 현재의 직장에서 보다 잘 적응하고 안착하기 위해서는 남한 직장의 분위기에 적합한 언어를 구사할 수 있어야 한다고 보고했다. 즉, 현재와 같은 직설적 언어 사용은 동료들의 감정을 상하게 할 수 있고 피해를 줄 수 있는 일이라 인식하였으며, 글로벌한 현대사회에 적절하지 않은 언어 사용 방식임을 강조하였다.

따라서 북한 동료는 현재 남한사회에서 일하고 있는 복지관련 기관의 분위기에 적합한 단어를 사용하고, 직설적 언어 사용이 아닌 보다 간접적이고 공감적 언어 습관을 가짐으로써 원만한 관계 형성을 이루는 것이 바람직할 것이라 논하였다. 또한 한 남한 동료의 북한 동료는 북한이주민 사례관리를 위한 전화 통화 과정에서 "선생님" 대신 "언니"라는 호칭을 사용하였다. 이러한 호칭은 일반적인 남한 문화의 직장에서는 공식적인 언어로 사용하지 않기에, 사적인 관계가 아닌 직장의 관계에서는 이와 같은 표현이 적절하지 않다고 인식하였다. 따라서 이와 같은 부적절하고 다소 무례할 수 있는 언어 습관은 올바른 방향으로 수정이 필요함을 보고하였다. 다른 남한 동료의 보고에서도, 한글이라는 같은 언어를 사용한다는 공통점 외에는 어조, 억양, 사용하는 단어, 발음, 표현방식 등에서는 모두 이질적인 측면이 있어 의사소통 과정에서 예상보다 더 많은 어려움을 겪는 것으로 나타났다. 이러한 언어상의 예상외의 차이에 대해 남한 동료들은 대체로 당혹감과 불편감을 표현하였고, 일부 남한 동료는 북한 동료들에게 적극적으로 질문하고 그들의 언어를 배움으로써 원활한 관계 형성과 의사소통을 위해 노력하고 있었다. 그 예로 남한 동료는 북한 동료와의 소통 과정에서 이해하기 어려웠던 어휘를 직접 질문하거나, 북한사전에 검색하는 등의 노력을 기울였다.

그뿐만 아니라 화용론적 측면에서, 북한 동료들의 직설적인 화법은 그들의 의도와 무관하게 남한 동료들로 하여금 불편한 감정을 느끼게 하였다. 이러한 직설적인 화법은 대부분의 남한 동료가 문제로 삼고 있었으며, 변화가 필요하다는 입장을 드러내었으나, 지금까지 상사에게 조심스러워 자신의 의견을 잘 피력하지 못했던 남한 동료에게는 통쾌한 경험으로 느껴지기도 한 것으로 나타났다. 김주성(2014)에 따르면, 탈북민은 북한에서 남한으로 지역을 이동하는 과정 중 언어와 관련된 학습 경험을 다양하게 하여 한국어와 조선어 공동체 구성원 중 가장 풍성한 언어 및 문화적 지식을 갖춘 집단이다. 그러나 실제 남한 동료가 공유한 경험에 따르면 실제 북한 동료들의 직설적인 언어 습관, 직언, 억센 억양 및 말투 등은 예의가 없거나 교양이 부족한 것으로 인식되었으며, 이들이 지닌 풍성한 언어 및 문화적 지식에 대해서는 인식하지 못하고 있었다.

〈불편한 언어소통체계〉

대화할 때도 이제 외래어 이런 거 되게 많이 힘들어하세요. 네, 많이 못 알아들으시더라고요. 오래 있었음에도 불구하고 굉장히 이렇게 못 알아들으시는 분들도 있으세요. 아니, 무의식적으로 계속 나오더라고요. 그럼 물어보죠, 그게 뭐냐고. 그러면 또다시 한번 이야길 해 주고. 그러니까 언어에 대해서는 말은 같지만 차이가 좀 있는 거 같아요. (남한 동료 2)

'일 없다'라는 표현 자체도 익숙하지 않았었는데, '괜찮다'라는 의미래요. (남한 동료 1)

북한 동료랑 얘기하는데요, 그분이 '얼굴이 뭐 이리 잠이 꼈니?' 그래요. '그게 뭐예요?' 제가 물었어요. '잠이 덜 깼어요?' 내가 그랬더니, 주근깨나 기미를 그렇게 얘기한대요. 그런 언어적인 게 아직도 힘들어요. (남한 동료 3)

〈직설적 화법으로 인한 불쾌함〉

저희 같이 일하시는 분도 아직도 힘들어하는 부분이 그 부분이에요. 정착한 지 5년 정도 되셨는데요, 사회생활 하면서 가장 힘들었던 부분이 인간관계 맺는 거랑 그 맺어진 인간관계 속에서 말을 직설적으로 하는 것을 고치는 것. 저랑도 그것 때문에 싸운 적 있었고요…. 말투는 아직도 적응 안 될 때가 많아요. 나쁜 의도가 아닌 것은 알겠어요. 이해는 하는데, 말을 꼭 저렇게 해야 되나? 너무 직설적으로 얘기할 때마다 남한에서 말하는 성공적인 조직운영에 걸림돌은 분명히 돼요. 표현이 세고 직언을 쏟아내기 때문에. 확실히 고쳐야 된다고 생각해요. (남한 동료 1)

네, 아주 되게 직선적이세요. 그분들은. 그 능력이 있어요. 분석해서 비판하고 이야기 냉철하게 하는 거요. 센터장님한테도 자기 할 말 다 하시더라고요. 아, 저분의 성향인가…. 어제도 저희 중요한 회의를 했다 그랬잖아요. 북한 선생님께 제가 모셔 놓고 같이 자문을 구하는 자리였는데, 그 분위기 파악을 못 하시고 할 말 다 하시는 거예요. 제가 그랬죠. 선생님, 그런 이야기는 회의 끝나시고 팀장님하고 나가셔서 나누셔도 좋을 거 같아요라고요 (남한 동료 3)

4) 북한이주민과 일하는 남한 출신 동료들의 경험: 기대에 못 미치는 업무 능력 및 태도

북한 동료는 남한 땅에서 혈혈단신으로 모든 것을 새롭게 시작하는 존재이다. 그러나 북한 동료가 워드프로세서, 엑셀 등 문서 작성 툴을 사용하는 것과 공문서 작성 등의 작업에서 미흡한 경우가 많아, 남한 동료는 이들의 업무를 대신하게 되고 이로 인해 본인의 업무에 대한 효율성이 떨어진다고 느낄 수밖에 없었다. 또한 동시에 그들의 배경과 환경을 떠올리며 남한 동료 자신이 더 많은 책임감을 느끼고, 많은 일을 감내해야 한다는 생각이 내적 갈등으로 이어지곤 했다.

한 남한 동료는 북한 동료의 문서는 교정을 해도 끝이 없다며 어쩔 수 없이 답답함을 느끼게 된다고 보고했다. 그리고 행정적 업무에서의 능력 차이는 어쩔 수 없다고 느끼며 자신이 도와주어야만 하는 영역으로 인식하고 있었다. 예를 들어, 남한사회에서 공문 작성은 요약식으로 기술하게 되는데, 북한 동료는 문장을 길게 서술하는 기술식으로 작성하여 공문을 수차례 수정하였다. 끊임없이 문서를 수정해 주는 일은 남한 동료에게 사명이자 책임감을 느끼는 부분이기도 하나 동시에 지치고 고된 노동으로 회상되었다.

또한 문서 작업 등 컴퓨터 사용법을 학습하며 일을 해 나가는 북한 동료의 노력에 응원을 하면서도, 당장 해결해야 하는 업무는 모두 남한 동료 자신에게 돌아오므로 과중한 업무로 지치고 힘들 때가 많다. 그러나 북한 동료의 환경과 배경을 너무나 잘 알고 있고, 사람을 중시하는 동료로서 북한 동료의 미흡한 업무능력에 대해 책망만 할 수는 없었다. 이에 대체로 알려주고 기다려줌을 보고하였다. 즉, 업무 능력의 측면에서, 남한 동료는 북한 동료가 직장생활을 위해서는 기본적으로 공문서 작성 능력, 워드프로세서 활용 능력, 직업 환경에 부합한 행정용어 등을 갖추어야 하나 이들은 아직 다소 부족하므로 자신이 가르쳐줘야 하는 책임이 있다고 느꼈다. 그러나 업무적 측면에서 이와 같은 부족함으로 인해 협업에는 차질이 있음을 보고하였다.

또한 북한 동료의 복장 코드는 단정하지 못하거나 맥락에 맞지 않는 순간이 있는 것으로 드러났다. 근무지를 옮겨 이사하는 날, 이삿짐센터를 불렀기에 이사와 관련된 모든 일은 자신이 하지 않아도 될 것이라 믿어 투피스를 착용하고 출근한 북한 동료를 보고 상식에 어긋나는 행동에 당황한 적이 있음을 보고한 바 있다. 이 외에도 직장 내에서 슬리퍼를 착용하는 모습, 단정하지 못한 용모, 중요 회의를 앞두고 형편없는 머리 스타일, 튀는 듯한 눈썹 화장 등 무언가 이질적으로 느껴지고, 상식선에서 벗어나는 느낌을 받았다. 이에 남한 동료는 직장 맥락에 맞는 슬리퍼를 권유하거나, 단정하지 않았던 머리를 정리해 주는 등 남한 동료와의 관계 맥락에서는 하지 않았던 일을 하게 된다고 한다. 이와 같은 행동을 한 남한 동료의 보고에 따르면, 이와 같은 행동을 하게 된 이유에 대해 "저는 약간 사회복지사 마인드로 바라봤었어요. 그래서 그분을 어찌 보면 동료라기보다는 대상자처럼 뭔가 내가 보살펴 줘야 되는 그게 책임감이 조금 있었어요"라고 말하며 북한 동료를 동등한 동료보다는 자신이 관리해야 하는 대상으로 느끼고 있음을 나타냈다. 그런데 이와 같은 남한 동료의 호의와 고쳐주는 행동에 대해 북한 동료는 불편하게 받아들이는 순간이 있는 것으로 나타났다. 북한 동료가 "나 오늘 머리 손질 안 할래요"라고 남한 동료에게 거부 의사를 표현했다는 보고에 따르면, 북한 동료의 언행에서 남한 동료들이 자신을 동등한 입지로 고려하고 있지 않고 있음을 느껴 이와 같은 상황을 피하고 싶어 한다고 추측할 수 있다.

〈미숙한 행정 능력〉

아무래도 컴퓨터 같은 것도 제대로 배워보신 적 없는 세대잖아요. 더군다나 북쪽은 더 접하기 어려웠을 것이고 그리고 사용해 왔던 표현력이라든지 그런 것들도 다르다 보니까 어려워하시는 것 같고요. 문서에서도 우리가 주로 사용하는 뭐, 행정적인 표현이라든지 이런 것들 많잖아요. 아무래도 열악한 곳에서 살다 왔으니 안 될 것이라고 생각은 했어요. (남한 동료 1)

전체 분위기가 북한 친구를 다 받아주는 분위기예요. 센터장님이 북한 동료, 컨트롤이 안 되니까 좀 도와줘라, 그 사람이 안정화할 수 있도록 그러셨어요. 업무를 오래 하셨는데도 엑셀 이런 거는 잘하시는데 한글 문서라든지 우리가 다루는 공문서들은 약해요. (남한 동료 4)

〈직장 복장 코드의 차이〉

눈썹 그리시는 거며 머리 스타일이며 그 특이한 그게 있어요. 그래서 아, 이건 뭐지? 북한에서 유행하던 패턴들, 젊었을 때 하던 패턴들 그걸 이제 하시는데…. 물론 멋을 잘 부리시는 분들은 와서 금방 습득해서 따라 하시는데… 어느 날, 머리가 형편없어요. 선생님 오늘 중요한 행사 있잖아요, 하면서 드라이를 해 주려고 했어요. 그랬더니 "나 오늘 안 할래요." 그래요. (남한 동료 3)

실내화도 삼색 실내화 신고 다니고. 삼선 슬리퍼 신고 다니고, 옷차림도 굉장히 그냥 편하게. 편하게 입는 것보다는 우리가 갖춰 입는 것도 편하게 갖춰 입을 수도 있잖아요. 근데 그냥 편하게 바지와 티에, 삼선 슬리퍼를 찍찍 끌고 다녀서 제가 계속 얘기했죠. (남한 동료 4)

또한 남한 동료들은 북한 동료들이 사무실에서 큰 소리로 전화하거나 사례 대상자들에게 반말을 하는 등의 모습에 관하여 교양이 부족하다고 느끼고 있었다. 따라서 직장에서 예절 교육을 진행해 북한 동료가 지금보다는 예의에 맞는 행동을 할 필요가 있고, 언어습관 등을 교정해야 한다고 보고했다.

복지관련 기관이라는 특성상, 직장 환경에서 상대방의 입장을 배려하고, 사려 깊은 인간관계가 지향될 것이다. 이와 같은 환경에 속한 남한 동료에게는 거칠고 억센 억양, 직설적 말투, 큰소리로 소통하고 반말하는 등의 북한 동료의 행위는 적절한 관계 형성에 어려움을 줄 뿐만 아니라 업무를 방해하는 것으로 간주될 수 있다. 또한 회식 자리에 상사보다 늦게 참석을 하거나, 직장에서의 약속을 어기는 등의 행동은 상식 밖의 일로 느껴져 불편감과 부정적 감정을 느끼고 있음을 알 수 있었다.

그리고 북한 동료는 분노, 불만, 화 등의 부정적 감정을 여과 없이 표출하고, 쉼 없이 말을 하거나 똑같은 말을 지속적으로 하는 등 감정 조절에 있어서도 미숙함이 있는 것으로 드러났고, 이는 프로페셔널하지 않다고 여겨지고 있었다. 남한 동료들은 북한 동료들이 드러내는 부정적 감정을 다루는 것에 대해 어려움과 심리적 고통을 호소했다. 이에 대해서는 남한 동료들 모두 북한 동료들이 남한사회와 문화에 맞는 의사소통 방식과 정서 표현의 방법을 배워야 한다고 입을 모아 보고했다. 예컨대, 남한의 복지관련 직장 환경에서는 큰 소리로 전화하고 소통하는 것을 지양하는 편이므로 남한 동료는 북한 동료에게 이를 알려주어 남한 문화를 익힐 수 있게 조언을 하게 되고, 회식 상황에서 상사보다 늦게 도착하는 것이 예의 없이 느껴질 수 있음을 알려주어 북한 동료를 가르친다고 하였다.

〈매너와 상식에 대한 이해 부족〉

"아, 뭐 그게 뭐야~!" 처럼 들으면 내가 깜짝 놀라요. 동네 아줌마처럼 얘기하실 때 그럴 때 깜짝 놀라는 거예요. 아, 저분의 성향인가. 어제도 저희 중요한 회의를 했다 그랬잖아요. 북한 선생님께 제가 모셔놓고 같이 자문 구하는 자리였는데, 그 분위기 파악을 못 하시고 막 큰 소리로 하시는 거예요. 목청이 높고 막 큰 소리로 이야기하시는 그런 거 왜 중국분들 그런 거 있잖아요. 막 큰 소리로 그런 느낌. (남한 동료 3)

돌발 행동. 예를 들어서, 우리가 이사를 했잖아요. 근데 우리 선생님 투피스를 입고 왔어요. 본인이 이삿짐센터에서 다 해 주는 걸로 알고. 그냥 할 일이 없겠다는 생각으로 온 거예요. 이사를 한 번도 해 본 경험이 없기 때문에. 저 집에 가서 옷 좀 갈아입고 올게요, 그래요. 본인은 할 일이 없을 거라 생각을 한 거구나. (남한 동료 5)

〈감정 조절이 필요한 자〉

제가 처음 만났을 때 '와라락! 확!' 해 가지고 화를 내요. 막 내고, 전화로도 막! 같은 북한 새터민하고도 얘기할 때 톤이 막 올라가고 그랬는데, 지금은 좀 노력을 해요. 그리고 좀 어딘지 모르게 사람이 붕 떠 있다고 할까요? 산만하고, 감정기복도 심하고… 그 사람의 상황과 그 사람이 살아온 환경, 그리고 북한에서의 생활을 보면, 저는 이해가 되더라고요. (남한 동료 4)

말을 멈추죠, 그냥. 딱 말을 멈춰야 돼요. 거기에 뭐라고 말을 붙이면, 막 그냥 화산처럼 폭발하시듯 이야기하시니까. 본인도 그래요. 눈칫밥 많이 먹어서 그렇다고 그러시더라고요. 또 중국에서도 엄청 고생 많이 하셨고, 또 한국에 와서도 안 해 본 일 없고, 그러니까 그 모든 흐름은 다 아는데, 아까 말한 것처럼 분노 조절, 감정 조절 못 할 때 돌아버리는 거예요. 저는 약간 사회복지사 마인드로 바라봤었어요. 어찌 보면 동료라기보다는 대상자처럼 뭔가 내가 보살펴줘야 되는 책임감이 있었어요. 저한테는 진짜 사례 대상자나 비슷한 개념인 거 같아요. 동료라기보다는. 지속적인 관리를 해야겠죠. (남한 동료 3)

5) 북한이주민과 일하는 남한 출신 동료들의 경험: 과거 사상교육으로 인한 경직성과 수동성

남한 동료가 북한 동료와 근무하며 경험한 또 다른 어려움으로는 수동적 태도, 경직된 사고, 창의력이 필요한 업무 영역에서의 능력 부족이 나타났다. 일례로 북한 동료에게 직장에 설치된 게시판을 꾸미거나, 프로그램 홍보를 위한 브로슈어 작업 등 매뉴얼이 있거나 구체적 지침을 따르는 업무가 아닌 새롭게 창작하는 작업과 관련하여 어려움이 많음을 언급하였다.

이는 북조선이 지향하는 이념과 결부되어 있는 것으로 보인다. 북한사회는 분단 이후 사회주의 전형국에서 유일사상 국가로 변모해 왔고, 특히 학교 제도를 통해 유일사상을 지속적으로 교육에 접목시켰기 때문에 창의적이고 자율적인 정신은 약화되어 왔다(박찬석, 2014). 이와 같은 정치이념을 근간으로 한 북한에서의 삶은 북한이주민이 남한 직장 사회에서 요구되는 창의적 역량을 발휘하기에 장애물로 작동하고 있었다.

또한 남한 동료들은 북한 동료들이 직장에서 상사에게 절대적으로 복종하는 이질적 측면이 있음을 보고하였다. "김일성에 대한 충성. 그 장군님. 그런 것들 때문에 조직사회에서도 그런 게 있지 않을까라는 생각이 들긴 했어요"라고 언급한 것처럼, 북한 동료가 보이는 충성심은 북한에서 체득된 주체사상교육에서부터 기인된 것이며, 그와 동시에 직장 생활을 유지하고 싶은 북한 동료들의 절실한 마음과 노력이지 않을까 생각한다. 또한 북한 동료가 북한의 일상에서 겪었던 매주 진행된 생활총화로 인해 주체사상이 지속적으로 주입되었고, 국가에서 정한 사고방식을 강화시켰을 것이다. 북한 주민의 일상에서 반복적으로 이루어지는 생활총화는 주민 통제의 대표적인 의례다(이우영, 황규진, 2008). 따라서 북한의 일상에서 반복적이고 자연스럽게 습득된 생활총화 경험은 남한으로 온 후에도 쉽게 벗어나기 어렵다. 이로 인해 남한 동료들은 직장 업무와 관련되지 않더라도, 북한 동료가 특정 상황에서 매우 강한 언어습관을 보이거나, 비판을 쏟아내는 등의 강한 발언을 할 때 그 순간을 당장 벗어나고 싶을 정도로 어렵다고 보고했다.

〈발현되지 않는 창의력〉

창의성을 요하는 업무들. 예를 들어서 어떤 홍보물을 만드는 업무라든지, 뭐 표현 구사하는 언어 같은 것들도, 좀 우리랑 다르니까, 홍보물 만드는 거 어려워해요. (남한 동료 1)

단순 업무라고 해야 될까요? 그러니까 많이 하면 익숙해지는 일들 있잖아요, 그런 일은 굉장히 잘 하시는데 그 외 이제 조금은 더 창의력을 발휘하는 일 이런 부분은 힘들죠. (남한 동료 2)

〈충성스러운 태도〉

아까도 말씀드렸다시피 매니저님은 이거 하세요, 이거 하지 마세요. 이런 것들 있잖아요. 그런 것들이 분명하게 나뉘어 있는 거죠. 그거 있으신 거 같아요. 김일성에 대한 충성. 그 장군님. 이 때문에 조직사회에서도 그런 게 있지 않을까라는 생각이 들어요. (남한 동료 2)

공산주의 체제는 탁탁 틀에 짜여 있잖아요. 지시한 대로. 수직적인 거는 잘 할 수 있는데, 수평적인 건 굉장히 힘들어하고요. 공산주의에서 그렇겠죠…. 북한 새터민들은 배신, 이런 거 굉장히 힘들어해요. 절개 있는 나. 본인들은 이렇게. 몸에, 뼈에, 뼛속까지의 절개. 본인은 소나무 같다고 얘길 했어요. 저한테, 항상. 뭔가 한 명이 푸르른 그런 느낌이면 그 사람을 막 찬양하듯이 쫙 이렇게 말하고... 그렇지 않은 사람한테는 아예 그냥 몰아쳐서 하는. 그 뭐랄까, 헌신하고 충성하고 그런 것 같아요. 헌신하고 충성하고 그런 거 같아요. (남한 동료 4)

〈체득된 비판 문화〉

그다음에 거기에서 서로 비판하는 호상 비판하는 문화들이 있다 보니까, 그 총화를 하루에 한 번 일주일에 한 번 하다 보니 그게 좀 벗어나기 힘드신 것 같아요. 그리고 막 그게 당연하다고 생각하시더라고요. (남한 동료 1)

그 비판하는 거, 정치적인 거. 비판하는 거는 너무 무서워요. 말하는 게 달라요. 모르겠어요. 저는 제가 잘 몰라서 정치를... 근데 막 한국사회 비판하고, 글러먹은 거 비판하고 이럴 땐 섬뜩해요. '아, 다르구나.' 그때 또 놀라는 거예요. 우리 직장 상사에 대한 비판. 상사에 대한 비판, 센터에 대한 비판, 학교에 대한 비판, 정부에 대한 비판, 이분들끼리 모이면 장난 아니겠구나. 저 같은 성향은 좀 아파요. 계속 그런 얘기 들으면 제가 몸이 허해져요. (남한 동료 2)

6) 북한이주민과 일하는 남한 출신 동료들의 경험: 우월한 태도, 지나친 도움 행동

남한 동료들은 대체적으로 북한 동료들보다 자신을 우월하게 지각하고 있었던 것으로 나타났다. 여기에서 우월성은 크게 두 가지로 (1) 자신을 북한 동료의 직장 생활 전반의 적응을 대체적으로 돕게 되는 사람으로 인식하는 것과 (2) 직장 생활을 함께 하며 업무적으로 북한 동료의 멘토이자 지도자로서 지내게 되는 부분으로 나뉘었다. 우월성이란 다른 것에 비하여 뛰어나게 여기는 인식으로, 남한 동료들은 북한 동료들과 평등한 위치가 아닌 강자의 위치로 지각했음을 알 수 있다.

이러한 북한 동료에 대한 남한 동료들의 우월적인 인식과 태도를 바탕으로, 남한 동료들은 직장 생활 전반에서 북한 동료의 적응을 돕는다. 보다 구체적으로, 남한 동료는 직장 업무뿐만 아니라 회식, 사내에서의 용모, 보고체계 등 전반적인 직장 생활에서 북한 동료를 가르치고 조언하는 경험을 통해 북한 동료에게 일을 믿고 맡기기보다는, 자신이 조언자의 역할을 할 때가 많은 것으로 나타났다. 예를 들어, 회식 자리에서 잠시 이탈해 개인 은행 업무를 보고 상사가 도착한 후에 들어온다든지, 혹은 조용하게 근무하는 사무실 분위기를 읽지 않고 큰 소리로 말하는 등 한국 사무실 문화에 적절하지 않은 행동들이 보고되었다.

업무 측면에서도 북한 동료가 공문서 작성에 어려움이 있고, 엑셀, 워드 등 기본적인 사무에 필요한 컴퓨터 사용 능력이 미흡함을 앞서 확인하였다. 이로 인하여 남한 동료들은 업무량이 과도하게 증가하여 스트레스 많이 받거나 소진으로 이어지는 것을 경험했다. 그럼에도 불구하고 지속적으로 북한 동료의 업무를 가르치고 멘토로서의 역할을 감당해야만 하는 것으로 파악되었다. 예컨대, 북한 동료가 공문 작성 중 적절하지 않은 문장 서술 방식을 보이거나, 사무 용어에 맞지 않는 표현을 작성하는 등의 어려움이 있을 때 한 남한 동료는 빨간 펜으로 틀린 부분을 표기해 주고 수차례 알려준 경험을 공유하였다. 이러한 과정에서 남한 동료는 북한 동료가 혹여나 자존심이 상할까 봐 조심스럽게 도움을 제공해야 했고, 북한 동료의 업무능력 향상에 도움이 되고자 노력한 사례를 확인할 수 있었다.

〈직장 생활 전반에서 적응을 돕는 자〉

점심 식사를 할 시간이 다 되어서, 우리 다 같이 먹으러 가야 하는데 말도 없이 사라졌어요. 센터장님이랑 다 같이 식당에 갔는데, ○○은행에 있대요. 여기 지리도 잘 모르면서. 그래서 제가 이랬어요. 핸드폰 켜고 지도 따라서 오라고. 여기 무슨 식당이니까. 그리고 그럴 때는 "선생님, 지금 은행에 가도 될까요?" 물어보든지, 밥 먹을 시간이 다가오면 헤매지 말고, 돌발 행동 해선 안 된다고. (중략) 내가 그랬죠. 그럴 땐 좀 얘기를 하고 가든지, 막 그랬어요. 그러니 뭐라는지 알아요? "엄마, 알았어요. 그만 잔소리해요." 그래서 제가 "엄마가 잔소리 안 하도록 잘 좀 해 주세요." 그랬어요. (남한 동료 4)

근데 제가 요번에 이사 오기 전에 선생님 붙잡고 한참 얘기했어요. "여기 센터 분위기는 우리가 마음껏 그렇게 선생님 화난다고 소리 지르고 욕하고. 그런 분위기면 선생님 안 되어요"라고 대놓고 얘기했어요. 그래서 "선생님, 화가 나도 워, 워. 조금 조용히 따로 나와서 통화하기, 따로 나와서 이야기하기." 약속했거든요. 그래서 며칠 동안은 지키고 있어요. 계속 얘기하려고요. (중략) 그분도 자기가 싫어서 하는 얘기랑, 자기 위해서 하는 말은 다 안대요. 본인도 판단이 된다고 그러시더라고요.

〈업무 면에서 북한 동료의 지도자이자 멘토〉

문서가 좀 어설퍼요. 전체적으로 처음에는. 왜냐하면 남한에서 쓰는 말로 교정하는 게 좀… 처음에는 제가 막 빨간 펜으로 교정을 해 드렸어요. 눈에 잘 보이시라고. 그런데 그게 너무 많은 거예요. 받는 사람도 기분이 안 좋대요. 저보다 나이도 많으시고 뭔가 본인이 자존심 상하고 이런 걸 좀 느끼셨나 봐요. 그다음부터는 파란색이나 검은색, 느낌의 차이라도 주려고 하고. (남한 동료 1)

센터장님이 자상하게 다 봐주세요. 일단은 한 번 팀장 거쳐서 가는데, 더 디테일하게 센터장님이 더 자세히. 이렇게, 이렇게 해야 된다, 모르면 ○○ 선생님에게 물어봐라, 이런 식으로. 그래서 뭐, 단어 선택한 거를 좀 이렇게 수정하면 어떻겠냐, 그런 거 하고. 또 이제 뭐 공문 만들 때 줄을 맞춰서 몇 칸 들어가고, 숫자, 대문자, 숫자 큰 숫자 1번 하면 괄호 치기, 가나다 그런 것도. 저도 짚어주긴 하지만, 센터장님이 그런 서식도 알려주세요. (남한 동료 4)

7) 북한이주민과 일하는 남한 출신 동료들의 경험: 정을 나누는 친밀한 관계 속에서 발견하는 강점

북한 동료와 일한다는 것이 남한 동료에게는 낯섦과 어려움으로 다가오기도 하였으나, 함께 일하는 시간이 쌓이며 서로를 알아가고, 북한 동료의 장점을 발견하고 있었다. 특히 북한 동료가 동료 친화적이며 협동적 특성이 있어 자신의 업무가 마무리되었음에도 귀가하지 않고 남아 남한 동료의 일을 도와주는 것에 대해 고마운 감정을 느꼈던 것으로 나타났다. 또한 업무 중심적이고 다소 딱

딱한 직장 분위기에, 북한 동료를 통해 정이 오고 갈 수 있는 긍정적 분위기가 형성되었음도 보고되었다. 일례로, 북한 동료들이 집에서 두부밥, 순대 등 북한 음식을 챙겨와 함께 나누어 먹을 때, 동료애를 느낀다고 표현하였다.

남한 동료들이 인식한 북한 동료의 공통적 강점으로는 친화력, 협동 능력, 즐거운 직장 분위기로 만들어주는 흥과 끼, 나눔을 통해 냉소적이었던 직장 분위기를 이완시켜 돈독한 관계 형성에 도움을 주는 것 등으로 나타났다. 이와 같은 결과는 남한인이 지닌 북한이주민에 대한 부정적 인식을 다룬 기존의 연구들과는 달리, 복지관련 기관 종사자들이 북한 동료와의 직장 생활을 통해 이들의 긍정적인 측면을 발견하고 상호 존중하는 모습을 나타냈다는 점에서 주목할 만하다.

즉, 남한 동료들은 보편적인 직장 환경에서 겪을 수 있는 갈등 외에도, 문화적 간극과 사상 차이로 인해 발생되는 갈등을 겪으면서도 북한 동료에 대한 새로운 감정을 느끼고 이들에 대한 새로운 지식과 정보를 습득하며 인식의 변화가 생기고 북한 동료의 강점을 바라보게 되는 것으로 나타났다.

〈거침없는 흥과 끼〉

흥이 되게 많으세요. 춤추고 노래하는 것 굉장히 즐겨 하시고요, 저희는 행사 있으면 쭈뼛쭈뼛하게 박수 치고 그러는데 이분들이 흥이 많으시고 끼가 많으시더라고요. (남한 동료 1)

어! 완전 깜짝 놀랐어요. 70년대 여자들처럼 왔는데 음악 나오고 노래 나오고 하니까 춤추고 악기 흔드는 사진도 있었는데, (사진을 찾으며) 다 지웠나보다. 깜짝 놀랐어요. 우리 옛날 농어촌처럼 이들의 분위기는 우리가 모르는 문화가 있구나 그랬더니, "그럼요." 그러더니 또 춤추고 노래하고. 그런 쪽으로는 또 굉장히 많이 발달이 되어 있더라고요. (남한 동료 3)

〈나눔의 정신〉

직접 조리해 먹는 거 좋아하세요. 순대도 직접 내장 사다가 직접 넣어서 만들어 드시고. 북한식 순대를 직접 만드세요. 만들어서 자기가 좋아하는 사람들한테 나눠 주시고 나누어 드시는 거 좋아하세요…. 참 좋은 문화인 거 같아요. 북한식 송편이라든지 순대 같은 거 만들어 오셔요, 자주. 본인이 진짜 뭔가 해 주고 싶을 때, 언젠가 중국에서 짝태 같은 걸 사 와서 주신다든지. (남한 동료 1)

두부밥인데요. 우리로 치면 유부 초밥에다가 뭐 고추장 간장양념 발라서 먹는 음식이에요. 한 바구니 해 갖고 와서는 직원들이 다 같이 나눠 먹었어요. 언젠가는 고구마 줄기를 삶아서 된장에다 무쳐 가지고 왔는데 맛있게 해 왔더라고요. 그 밥을 먹으면서 굉장히 고마웠어요. 또 김치를 담가 오셨어요. 어떻게 이렇게 잘 담갔냐고 했더니, 자기 북한에서 김장 엄청 많이 했다고 해요. (남한 동료 4)

또한 남한 동료들이 인식하는 북한 동료들의 인지적 특성으로 북한 동료들이 암기에 능하다는 점이 나타났다. 북한 동료들의 뛰어난 암기능력은 북한사회에서 혈통승계의 논리를 앞세워 흠모와 충성을 표현하고 그에 합당한 태도를 형성시키는 전략적 반복 학습 교육에 노출된 영향(통일부, 2018)으로 이해된다. 이와 같이 북한의 교육은 이해보다는 암기 위주의 학습 분위기가 형성되었고, 이러한 암기능력은 수령님에 대한 충성을 위한 것으로 활용된다. 남한 동료들은 그들의 북한 동료가 컴퓨터 자격증 취득을 위해 학습

한 내용을 잘 외우는 뛰어난 능력을 보고한 바 있다.

북한 이주민에게서 나타난 강인한 정신력, 신속함 등은 역경의 세월을 거치며 뿌리 깊게 형성된 단단함과 더불어 북한의 생활에서 겪은 사상교육과 체제가 만들어낸 산물로 해석할 수 있다. 모든 것이 정부에 의해 통치되고, 일관되게 교육되며, 자율성이라는 것이 받아들여지지 않는 사회 속에서 북한 동료들은 자신의 생존을 위해 지시된 것이라면 어떤 것이든 해야만 했다. 또한 자신만의 선택권이 존중되지 않는 상황에서 성장하였기에 과거 다른 체제에서의 경험은 남한사회로 이동했음에도 불구하고 고스란히 북한 동료의 특성으로 나타났다. 남한 동료들은 북한 동료들의 드라마틱한 인생 경험에서 나타나는 무장된 정신력은 배워야 한다고 인식했다.

〈뛰어난 암기력〉

어떤 사고방식의 틀 전환도 없었고 그래서 암기는 기가 막히게 하신다고 그러더라고요. 줄줄줄 통으로 문장 외우고 이런 거 너무 잘하세요. 우린 그런 게 힘들잖아요. 자기들끼리 그런 얘기를 하더라고요. 여기서 자격증 따기 쉽다고 한국에서 그런 거 좀만 외우고 하면 된다고 해요. (남한 동료 3)

그죠. 그게 이제 교육을 통해 우리는 연습을 하고, 그리고 북한 새터민은 정말 주입식은 짱이에요. 뭐, 외우는 거. 달달달. 아주 똑똑해요. (남한 동료 4)

〈강인한 정신력과 신속한 태도〉

북한이주민이 좀 더 뛰어나다고 생각되는 부분은 생활력. 생활적인 측면과 강인한 정신력. 그런 부분은 확실히 더 뛰어나신 것 같아요. 생활력은 우리가 이길 수 없겠더라고요. 맨날 우리가 농담으로 전쟁 나면, 우리가 진다. 정신력부터 다르다. 확실히 그런 게 있고, 오히려 그런 측면에서 남한 주민을 얕봐요. 특히 젊은 세대들 직장 3개월 6개월 다니다 그만두는 경우 있잖아요. 그런 것 보면 나약하다는 둥. 책임감 넘치시고, 되게 빨라요. 빠릿빠릿하게 잘 하시고 굉장히 강하시고요. 책임감, 한번 맡으시면 끝까지 다 해 주시고 항상 마무리를 지어 주시거든요. 깔끔하게! 강인한 정신력. 그런 부분은 확실히 더 뛰어나신 것 같아요. (남한 동료 1)

제가 함께 일하고 있는 북한분 같은 경우에는 굉장히 강하시더라고요. 공부해야 된다, 배워야 된다. 치열하게 살아남아야 된다는 신념이 굉장히 강해요. 산에서 어떤 독버섯도 끓여 드신다고, 독 날리고 먹을 수 있다고 하시더라고요. 삶에 대한 스킬이 저희랑 완전히 다르다고 느껴지죠. 생존능력이 남다르다는 생각이 많이 들어요. (남한 동료 2)

8) 북한이주민과 일하는 남한 출신 동료들의 경험: 북한 동료의 삶을 수용하며 겪는 복합적인 감정과 진정한 이해

한 남한 동료가 '일단은 남한이라는 생소한 땅에 와서 사시는 입장이니까 안타까운 이미지가 제일 크고'라고 언급한 바와 같이, 남한 동료들은 북한 동료에 대해 안타까움을 느끼는 것으로 나타났다. 역경의 경험과 새로운 남한이라는 땅에서 겪는 부족한 자원 등으로 인해 안타까움을 느끼고 있었다. 보다 구체적으로, 직장 야유회에서 처음으로 놀이 기구를 타보는 북한 동료의 모습, 절약하기 위해 집으로 가서 점심식사를 해결하고 오는 등의 모습에서 남한 동료의 안타까움이 나타났다.

이러한 결론은 다수의 기존 연구들과 맥을 같이한다. 강주원(2013)은 과거에 남한사회에 거주하는 탈북자에 관하여 이해하고자 현지조사(field work)를 했던 경험과 자신의 연구결과들을 토대로 발간한 『나는 오늘도 국경을 만들고 허문다』는 단행본을 통해 남한사회가 탈북 주민들을 '비국민', '배신자', '가난한 자'로 인식한다고 주장한 바 있다. 또한 이수정과 양계민(2013)은 임대아파트 비율이 높고 탈북자의 거주 비율이 가장 높아 '작은 북한'이라고도 불리는 인천 논현동 지역 내 북한 출신 주민과 남한 출신 주민 간의 태도와 인식 차이를 살펴본 결과와도 유사하다. 이들의 연구 결과에 의하면, 인천 논현동 지역의 남한 출신 주민들은 같은 지역 탈북 주민들에 대해서 인지적, 정서적 측면에서 부정적 태도가 강하고, 높은 사회적 거리감과 낮은 신뢰를 나타냈다.

그러나 저자가 만난 남한 동료들의 경험과 이전의 선행연구들의 차이는 남한 동료들은 이들이 느끼는 '가난한 자', '비국민'과 같은 맥락이 단순히 부정적인 맥락만을 가진 것은 아니라는 점이다. 남한 동료들은 북한 동료로부터 연민, 안타까움, 불쌍함 등의 감정을 느낀다고 표현했고, 이는 감정을 느끼는 것에서 그치는 것이 아닌 북한 동료에게 필요한 것은 무엇일지 고민하게 하며, 북한 동료를 진정으로 이해하고자 했으며, 종교인의 경우 신에게 기도를 하는 등 종교적 행위로까지 발현되었다.

한편 복지적 마인드가 발현된 것인지 북한 동료를 관리하거나 조정해야 할 대상자(client)로 인식하기도 하였다. 연민의 대상자로서 남한 동료들은 북한 동료를 직장 업무와 생활 등 모든 면에서 알려주고 가르쳐주어야 하는 존재로 인식하고 있었다. 또한 남한 동료들은 북한 동료들이 남한사회에서 새롭게 시작해야 하는 어려움을 분명히 인식하고 있으나, 그 안에서 자신보다 사회경제적 지위가 낮은 사람을 대상으로 경험되는 상대적 우월감도 같이 경험하는 것으로 보인다. 즉 상대방의 어려움을 인지하고 그 사람의 입장에서 이해하고자 하는 공감의 마음과 더불어 나보다 낮은 위치의 사람에 대한 우월적인 감정인 동정의 감정을 복합적으로 경험하고 있었다. 이러한 공감이 뒤섞인 동정의 감정들은 남한 동료들이 북한 동료들을 도와주고자 하는 행동들을 이끌어내기도 하나, 이러한 태도와 행동들은 북한 동료보다 자신이 우월한 자로 존재하게 하는 부정적 측면도 있다.

이와 같은 복합적인 감정은 남한 동료가 북한 동료의 삶을 수용하는 출발점이라 할 수 있다. 서로 다른 삶을 수용하는 과정에서 삶을 비교하고, 대상과의 관계에서 자신의 상태를 확인하는 과정은 필연적일 수 있다. 따라서 이 모든 복합적인 과정은 서로를 진정 이해하게 되는 출발이 되는 것이다.

〈드라마틱한 인생〉

제가 들어보니까 북한에서 중국으로 넘어가서 중국 생활 할 때 정말 못 먹는대요. 어떤 사람들은 훔치기도 하고요. 저는 신앙인으로서 그 사람의 탈북 과정에서 고생한 이야기를 듣자면 막 가슴이 미어져요. 네. 막 미어지면서 그 아픔이 느껴져요. 그게 이게 기독교인 아니면 좀 이해하기 어려울 수도 있는데요. 아픔이 느껴져요. 그 사람의 마음이, 아픔이. (남한 동료 4)

〈연민의 대상〉

다들 불쌍해서 진짜 먹을 게 없어서 건너온 사람들이 90%라고 하세요. 안쓰럽다. 오죽하면 그럴까. 우리가 아는 것보다 더 많은 사람들이 이탈해서 중국이나 다른 나라에서 다 인신매매 당해서 팔려가고 있다…. 우리 선생님(북한 동료)도 실제로 여동생이 지금 연락이 끊긴 거예요. 동정심이죠. 안쓰럽죠. 이런 놀이동산 가신 것도 태어나서 처음 타보는 거고요. 그런 얘기 듣다 보면 불쌍하죠. (남한 동료 3)

저는 쪼끔 쉬, 쉴 수 있고. 바람도 불면 흔들리고. 어 이렇게 좀, 이렇게 흔들흔들할 수 있는 그런 무성함의 푸르름의 나무라면, ○○○ 선생님(북한 동료)은 아주 이렇게 차악 절개 있는 소나무처럼 딱! 이렇게 정형화된 푸르른 나무? 잘 바람에 흔들리지 않는 그런 나무. 지금 ○○○ 선생님은 내가 보기에는 자기가 만들어 놓은 막 분재 속에 있는 나무같이 느껴져요. 나무. 그게 딱 만들어진 거 같은. 그 만들어짐이라는 거는 그 북한에 그 사상에 의해서 어려서부터 그렇게 심긴. 성장된 그런 나무. 근데 이제 저는 그냥 자연에 있는 그냥. 마당에 있든 어디에 있는 나문데. (중략) 그게. 일부러 인위적으로 만들어 놓은 거잖아요. 북한 공산주의가 인위적으로 만들어 놓은 거잖아요. 세뇌교육을 시켜서. 누군가가 꺼내 줘야 되지 않겠어요. (남한 동료 4)

〈뿌리 없는 삶의 어려움〉

환경적인 요인은 분명 저를 이길 수는 없지요. 저는 이미 여기 가족이라는 체계 안에서 계속 성장을 하고 있었고, 여기서 생활한지 오래니 인맥도 있고. 30년 동안 쌓아온 인맥만 해도 엄청나게 많은데…, 그런 부분은 북한이주민이 남한 주민을 넘기기 웬만하면 힘들 것 같아요. 한국사회의 다른 체제와 문화, 인맥과 모든 것을 시작해야 하는 동료죠. (남한 동료 2)

9) 북한이주민과 일하는 남한 출신 동료들의 경험: 북한 동료들의 생존을 위한 노력

남한 동료들은 북한 동료가 자신이 직장에서 맡은 업무를 성실하게, 책임감을 갖고 수행한다는 특성을 보고하였다. 이러한 특성은 개인의 고유한 특성일 수도 있으나, 북한 동료의 탈북이라는 특수한 맥락을 고려하였을 때, 자본주의 남한사회에서 생존을 하기 위해 생긴 절실함에서 비롯된 것으로 해석할 수 있겠다. 북한에서의 사회주의 체제에서 이루어지는 직장 및 소비생활과 비교했을 때, 북한 동료의 남한사회에서의 경제적 여건, 직장 생활, 급여 사용 및 돈의 의미 등은 다를 것이다. 북한이주민들은 남한과 소비생활 수준에서 엄청난 격차를 경험한다(이기춘 외, 2000).

따라서 북한이주민들은 자본주의 사회에서 자신의 선택권을 확장시키고 행복하고 만족스러운 삶을 위해 부의 축적을 이루기 위해 노력할 것이다. 또한 북한에 두고 온 잔여 가족을 생각하면, 북한 동료는 돈 외에도 모든 면에서 절약하지 않을 수 없다. 예컨대 점심 식사는 집에서 하고 오거나, 식당에서 남은 음식을 싸 가지고 간다. 북한에서 굶주리는 가족을 생각하면 함부로 낭비하지 못할 것이다. 이러한 현상에 관하여, 남한 동료들은 이해하면서도 궁색하게 느끼는 것으로 보인다. 더불어 이러한 북한 동료들의 투철한 절약 정신은 자신의 허술한 소비행태를 돌아보며 반성의 계기가 되기도 하고, 북한 동료가 조금 덜 힘들게 살았으면 하는 바람으로 나타나기도 하였다.

〈절실한 성실함〉

자기가 생계 문제가 달려 있다 보니까 굉장히 빠른 속도로 자기가 맡은 업무는 책임감 있게 다 맞춰주는 모습들을 보여주셨어요. 뭐 하나라도 더 배울라 그러고 열심히 하는 그런 모습들 많이 보여주셨어요. (남한 동료 1)

정말 열심히 하시는 거 같아요. 열심히. 열심히 사시고. 여기서 살아남기 위한 방법. 수단. 그러니까 여기 살아남으려면 돈이 있어야, 자본주의 사회니까 돈이 반드시 있어야 됩니다. 그래서 굉장히 열심히 사시는 것 같아요. 그니까, 아까 얘기했던 그 정책이라든지 사상 쪽이라는 건 조금 힘들겠죠. 그런데 일을 할 때에는 괜찮을 거라고 생각이 들어요. 업무, 업무적인 부분은.
업무적인 부분에서 착실한 부분이 굉장히 많다고 생각이 들어요. 착실하시고 성실하시고 이런 것들이 굉장히 강하기 때문에, 정말 안 해서 못 하는 게 아니라 정말 못하는 거 아니면은 '안 하진 않을 거야'란 생각이 들어요. 그리고 정말 치열하게 살아남으려고 하는 것들. 그리고 북한 사람이니까 여기 남한 사람들한테 차별받는다는 생각. 차별받고 있고요, 실제적으로. 더 치열하게 살아남아야 된다가 되게 강하시고요. 찜질방 카운터조차 자기를 받아주지 않았다고 얘기를 하시더라고요. 거기서 이제 전화를 했는데? 어느 나라 사람이냐고 물어봤대요. "저희 북한 사람이다" 하니까, 북한 사람은 그니까, 우리나라와는 다른 거죠, 북한은. 우리나라 사람들 인식에는 말투가 다르다는 걸로? 그래서 북한 사람들 우리는 받지 않아요, 하고 딱 끊어버렸다고 하시더라고요. 그런 카운터 음식점에서조차? 북한 사람들 차별이 일어나고 있다라고. 그래서 자기는 공부를 더 많이 하고 더 치열하게 살아야 된다고 하세요. 그러니까 악착같이 모으시는 것들도 있으시고…. 아이, 좀 이제 천천히 하시지, 이런 것도 좀 생기기도 하고. 그러니까 예전에 저희 부모님 세대 보는 거 같은 느낌이기도 하죠. 저는 대부분 쓰죠. 월급은 쓰기 위해 있는 거죠. (남한 동료 2)

〈투철한 절약 정신〉

돈 쓰는 것을 굉장히 힘들어해요. 같이 밥을 밖에 나가서 먹게 되는 일이 있다 보니까, 제가 카드를 결제를 했죠. 그 돈에 대한 개념이 똑같아요. 다문화 그 결혼이민자나 우리 북한 새터민이나. 아끼고 밥 사 먹는 거를 힘들어하세요. (남한 동료 4).

이번에 저희 민속촌 가서 돈가스 정식을 먹는데 북한분들은 다 못 드시는 거예요. 기름진 음식들을 대체적으로 안 좋아한대요. 그래서 그 남은 걸 봉지에다가 다 싸갔다는 거예요. 돈만 있으면, 이분들이 이게 경제적으로 어떻게 해서든 북에 두고 온 그 형제자매, 식구들 생각해서. (데려오기 위해) 천만 원이 든다고 해요. 악착같이 모아서 브로커 통해서 하려고 노력하고, 남한 사람들 정신상태가 썩었다고. 음식쓰레기 왜 이렇게 많이 나오냐고 하세요. 정신이 번쩍 나죠. (남한 동료 3)

10) 남한 출신 동료의 노력: 북한 동료와의 관계적 차원

남한 동료들은 자신들과 달리 이질적인 문화권의 배경을 지닌 북한 동료와의 관계에서 '관계적 대처역량'을 발휘해 나가는 것으로 나타났다.

남한 동료들은 북한 동료를 긍정적으로 배려하고 이해하려고 노력했다. 북한 동료가 사무실에서 큰 소리로 말하는 등 부적합한 행동을 하더라도 이해하고자 했고, 북한 동료와의 갈등으로 인해 분노나 극심한 갈등 상황을 겪더라도 이해하고 포용하며 지도하고자 노력을 기울인 것으로 보인다. 북한 동료를 북한 사람으로 바라보기보다 한 명의 직장 동료로 바라보고 존중해 나가고자 태도를 점검해 나가기도 하였다. 아울러 외래어 사용에 익숙하지 않은 북한 동료들을 위해 통일대사전을 통해 북한어를 학습하기도 했고, 가급적 불필요한 외래어 사용은 자제하며 소통을 위해 노력해 나갔다. 예컨대 '엘레강스'와 같은 단어를 북한 동료가 못 알아듣는 상황 등을 겪으며 북한 동료들이 겪는 구체적인 언어 어려움에 대해 이해하고 이를 극복할 수 있도록 노력을 기울였다.

이러한 남한 동료들의 관계적 대처역량 발휘에 관한 노력은 남한 동료와 북한 동료가 함께 직장 생활을 해 나가는 데 도움이 된 것으로 보인다.

〈배려와 이해, 존중과 포용〉

저는 뭐 계속 긍정적이려고 노력하고 있고, 지금 설명 드렸던 것처럼 서로 배려하고 이해하려고 하는 전제로 하고 있기 때문에… 이 일을 하게 되면서 조금 생각을 바꾸게 됐던 게, 옛날에는 로마에 로마의 법을 따르라 이런 것들 익히 배우잖아요. 남한에 오면 남한의 법을 따르고 남한 사람처럼 행동해라, 이런 인식이 우리한테 만연해 있는 것 같다는 생각을 해요. 그러니까 그들한테만 변화를 요구하는 환경인 거 같거든요, 아직은? 근데 따지고 보면 우리가 정답이 아니고, 우리가 하고 있는 행동들이 다 긍정적이고 옳은 행동이 아닌데, 뭔가 그들한테 자꾸 강요만 하고, 그들을 이해하려고 포용하려고 하는 관용이 부족하다고 해야 되나? 그런 것들을 좀 늘려 나갈 필요가 있지 않을까 싶어요. (남한 동료 1)

저도 북한 새터민을 볼 때, 조금은 눈빛도 강하고, 그래서 볼 때도 좀 뭐랄까. 그런 얘기를 듣다 보니까, 나도 모르게 어, 저 사람이 정말 그런가? 정도로, 경계를 많이 하니까, 처음에는 조심스러웠어요. 조심스러웠는데. 제가 상담을 하고 있는 사람이라, 누구에게나 제가 다가갈 수 있는 일을 하고 있는데, 저 사람한테 내가 '저런 눈빛을 보낸다고 해도, 내가 접근을 안 하면 안 되겠다'는 생각으로, 이제 일을 하면서 자꾸 얘기를 하게 됐어요…. 다가갔죠. 다가가고, 얘기를 또 하나, 둘씩 꺼내고요. 예, 처음에는, 밥도 나가서 같이 먹어야 되나 나 혼자 먹어야 되나 그런 갈등도 있었던 것 같아요. 근데 제가 '우리 먹으면서 정 드는 거야. 밥 먹으면서 정 들고, 목욕하면서 정 드는 거야, 같이 자면서 정 드는 거야.' 그러면서 같이 가자고 했어요. (남한 동료 4)

〈언어적 소통을 위한 노력〉

> 저희 기관에도 있는 책인데, 그 통일대사전 이런 것도 있고요. 그리고 그 북한말 표준어 교육할 때 받은 교재가 이런 북한말 같은 것도 있어요. 그래서 그런 것 통해서 저는 쉽게 접할 수 있었고. 그리고 왜 내가 알아야겠다 생각을 했냐면 제가 약간 좀 평등하고 공평한 것을 추구해요. 그래서 항상 이 사람들이 여기 왔다고 해서 남한말 무조건 습득하고, 그런 뭐 남한 사람처럼 무조건 행동해야 되고 이런 것들에 대해서 좀 강요하는 것은 아닌 것 같단 생각이 들었고. 그 과정에서 이 사람들이랑 좀 더 공감하고 뭔가 유머를 하려고 해도 그 북쪽 말로 하면, 재밌게 통할 것 같다는 생각도 하다 보니까. 자연스럽게 찾게 된 것 같아요. 그냥 같이 공감하고 싶어서? (남한 동료 1)

> 북한에서 사셨기 때문에 이야기하다 보면 단어들이 있잖아요? 그 단어 사용을 이제 하시는데, 그러니까 오신 지 10년이 되신 것에도 불구하고, 북한에서 사용했던 단어들이 아직 남아 있으신 거죠. 그래서 그때 소통이 잘 안 됐던 것 같긴 해요. 그때 궁금하고, 알고 싶은 마음에 궁금해서 "그 단어가 도대체 뭐예요?" 이렇게 물어보기도 하죠. (남한 동료 2)

11) 남한 출신 동료의 노력: 직장 내 중간 역할 수행

남한 동료들은 자발적으로 중간통로 역할을 하는 것으로 나타났다. 즉, 일부 남한 동료는 북한 동료를 부정적으로 바라보고 있었으며, 이에 자신이 중간통로 역할을 하며 관계를 긍정적으로 변화시키고자 노력한 것으로 보고하였다.

남한 동료들은 남북인이 섞인 직장 생활에서 특별한 이유 없이 북한 동료를 부정적 편견으로 바라보거나, 이들과의 관계 형성을 기피하는 남한 동료와 마주하게 되었다. 이러한 직장 생활의 경험을 통해 남한 동료 자신들 역시 스스로 북한 동료에 대한 편견과 고정관념이 있음을 깨달아 나가며, 결론적으로는 북한 동료 역시 북한 사람이라는 사실 자체만으로 차별하는 것은 부적합하다는 판단을 내린다. 따라서 남한 동료들은 이유 없이 북한 동료가 소외되거나 차별받지 않도록 종종 방패막이 역할을 해 나갔고, 갈등이 발생할 시 조정자 역할을 해 나가며 다른 동료들의 인식을 바꿔 나가고자 노력하기도 한 것으로 이해된다.

〈직장 내 중간 역할 수행〉

그러니까 다른 동료가 이야기 못 하는 부분들을 또 제가 설명도 해 주고, 북한 우리 새터민 직원은 그런 성격이 있다, 그래서 내가 그렇게 선생님이 이해를 해 줬으면 좋겠다, 다과도 내가 그래서 그래도 가져갔다…. 그래서 제가 지금 걱정돼서 하나씩 설명하고 다니잖아. 어저께 또 그거, 다과, 컵 버리는 거, 하나씩 이해를 시켜야죠. 그게 제, 제 할 일일 거 같아요. 같이 이제 동료로서 서로. 어, 그전에 근무했던 그, 북한 새터민하고 근무했을 때 사이가 안 좋았던 선생님들은 분명히 부정적인 말들도 할 수도 있겠죠. 근데 이제 저희가 같이 근무하면서는 긍정적인 얘기들이 저희들은 이제 하고 있기 때문에. 뭐 또 우리가 얘기하는 거에 또, 힘이 실어지지 않을까. (남한 동료 4)

(남한 동료 중) 그게 제가 얘기해도 될 만한 사람이면 얘기를 해 드려요. "(북한 동료들 다 그런 거)아니다. 열심히 사는 사람도 있다." 얘기를 해 드리고. (남한 동료 1)

12) 남한 출신 동료의 노력: 스트레스 해소 및 북한 동료 수용 방법 체득

남한 동료들은 북한 동료와 근무하면서 스트레스를 경험했고, 그 과정에서 스트레스를 해소하고 극복하기 위한 자신만의 요령을 터득해 나갔다. 또한 남한 동료들은 이타심에 기반한 적절한 수준의 업무 협조 및 분장을 위한 노력을 해 나갔다.

구체적으로 한 남한 동료는 직장 스트레스를 조절하는 한 방법으로 북한 동료가 업무와 별개로 사무실 안에서 북한체제 비판 등 과격하게 비판하는 등 비판식 어조로 격양되어 말할 때 조용히 자리를 피해 산책하거나, 커피를 마시고 오는 요령 등 행동 요령을 터득하고 실천했다. 또 다른 남한 동료는 자신의 종교적 신앙심을 토대로 퇴근한 후 자신의 직장 생활을 돌아보며 북한 동료를 위해 진심으로 기도하는 등 남한 동료들은 심리적으로 자신이 수용할 수 있는 부분이 어느 지점인지 파악해 가며 마음을 다스려 나갔다. 또한 한 다른 남한 동료는 자신에게 멘토 역할이 되어 주는 상담 슈퍼바이저에게 직장에서의 스트레스를 종종 털어놓으며 심리적 위안을 얻기도 했다. 그리고 남한 동료들은 북한 동료의 부족한 사무적 능력으로 인해 효율적으로 일을 수행하기 어려울 때, 알려주는 것 외에 창의력이 요구되는 업무에서 기획 부분으로 업무를 옮기는 등 북한 동료의 강점을 고려하여 보다 잘 수행할 수 있는 업무를 할 수 있게 재배치하였다.

이처럼 남한 동료들은 북한 동료와의 직장 생활에서 기인하는 스트레스를 건강히 극복하기 위해 산책, 기도 등 개인에게 적합한 방법을 찾으려 했고, 적절한 수준에서 업무를 협조하거나 분장하는 노력을 해 나가고 있었다.

〈스트레스 해소 및 북한 동료 수용 방법 체득〉

> 아, 그냥 상황이 그 사람이 재밌는 사람이라고 생각하려고 노력을 하는 것 같아요. 그냥 웃어넘기려고. 왜냐면은 안 좋게 생각해 봤자 자꾸 그 사람을 안 좋게만 생각하고 피하게 되잖아요. 그러니까 저는 이제… 그렇죠. 계속하니까. 그럴 때는 명확하게 얘기를 드려요. 도를 너무 넘는다는 생각을 하면. 그, 좀 이렇게 "매번 이러시는데 안 그러셨으면 좋겠다"라고 직언을 하거든요, 저는. 근데 그 단계까지가 가기 전에는, 웬만하면 웃어넘기려고 많이 노력을 해요. (남한 동료 1)

> 처음에는요, 한 달은 머리가 띵해 갖고, 윙~ 울리는 거예요. 내가 선생님 상담받아야겠어요. 오죽하면 그럴 정도로 그랬는데 이제는 저도 그분이 삶에 직경이 넓어졌고 그분이 화를 낼 때 내가 어떻게 해야 되는지 대처가 생겼고 완화시킬 수 있는 방법이 있더라고요. 그쵸, 일상적인 대화는 그런 게 아니니까, 해서, 그럴 땐 제가 조금 피하는 요령이 생겼어요. (남한 동료 3)

3. 북한이주민들과의 직장생활을 통한 남한 동료의 변화

남한 동료는 북한이주민과의 경험을 통해 직업 정체성, 북한이주민에 대한 인식, 직업 의미 등 다양한 영역에서 변화가 있었다. 이는 남한 동료들이 보고한 인터뷰 내용뿐만 아니라, 이들이 응답한 양적 설문 결과를 통해서도 확인할 수 있었다. 인터뷰 내용에 대한 개괄적 내용은 〈표 4〉를 통해 확인할 수 있으며, 인터뷰 내용 및 양적 설문에 대한 구체적 변화는 다음과 같다.

〈표 11〉 남한 동료가 겪은 변화 내용 개괄

대주제	소주제
자아의 변화와 확장	전문가로서의 자긍심과 가치 확인
	북한 사람에 대한 인식 변화를 통한 자기 확장
	북한 동료를 통한 깨달음과 삶의 성찰
북한 동료에 대한 양가적 감정	

1) 자아의 변화와 확장

남한 동료들은 북한 동료와의 직장 생활을 경험해 나가면서 자아의 변화와 확장을 경험해 나가는 것으로 보인다. 여기에서 자아의 변화와 확장은 (1) 전문가로서의 자긍심과 가치 확인, (2) 북한 사람에 대한 인식 변화를 통한 자기 확장, (3) 북한 동료를 통한 깨달음과 삶의 성찰 세 가지 하위범주로 나뉘었다. 남한 동료들은 북한 동료와 근무해 나가면서 자신의 분야에서 전문가로서의 자긍심을 느끼거나 자기 가치를 확인해 나가고 있었다. 예컨대 직장 외부에서 북한이주민에 관한 자문 요청이 오거나, 자신의 역할이 인정되고 가치 있다는 피드백이 있을 때 심리적으로 자신이 필요한 존재라고 인식하곤 했다. 아울러 북한 동료와 함께 근무하면서 초기와는 달리 북한 사람에 대한 인식이 변화되어 가는 자신을 발견해 나가고 있었다. 북한 동료와의 근무 초기에는, 북한 동료에 대한 괴리감, 긴장감 등 편견과 고정관념이 있었다고 언급했지만, 점차 시간이 지나면서 고정관념에서 서서히 탈피해 나가는 자신을 발견할 수 있었다고 했다. 그러면서 남한 동료들은 북한 동료와의 직장 생활을 통해 기존의 협소했던 시각이 확대되어 가는 자신과 세상에 다양한 사람들이 존재한다는 것에 관하여 깨달음과 삶의 성찰을 얻어나가는 것으로 파악된다.

> 북한분에 대한 인식 같은 건 정말 많이 변했고요. 처음에는 만나, 만나보질 않았? 못했으니 뭐. 네. 뭐 그래서 북한 사람 같은 사람인 거예요. 전에는 그 생각조차도 안 해 봤고, 좀 뭐라고 해야 하지? 북한분들은 정말 옛날 70년대 시골분들 생각했던 것 같아요. 저는. 저희가 보는 매체들에서도 다 그렇게 보여줬잖아요. 근데 전혀 안 그러시더라고요. 그리고 아니, 어떤 거는 그분들의 삶에 대한 태도? 그러니까 너무 치열한 태도? 그렇게 치열한 것도 어느 정도 생각이 들죠. 뭔가 저분들 보니까 나를 비교하게 되고, 나 안일하게 살았나? 이런 생각도 들기도 하고. 너무 치열하게 살고 그러니까. 어느 정도의 치열한 부분들, 삶에 대한 것들은 조금 배워야 되지 않을까 하는 생각도 들었어요. (남한 동료 2)

> 내가 얼마나 평범하게, 안일하게, 안락하게 살았는지에 대한 감사함도 느끼면서. 내 안에서도? 그런 변화가 일어났으면 싶겠더라고요…. 그래서 이 일을 통해서 저는 성숙되어 가는 거 같아요. 이제 40대 중후반이 되는데도 너무 많이 배우고 있어요. 비록 지금은 과도기라 제가 좀 힘들지만? 삶의 주변이 이렇게 넓혀지는 것 같아서, 한편으론 좋아요. 지난번에 한번 제가 깨달았었잖아요. 우리 음악치료 들어가는데, 그 흥과 끼와 즐거움이 우리나라 사람들보다 더 솔직하고 더 직선적이고 더 자유롭고. 춤추고 표현하고 노래하는 그 모습들이. 문화라는 게 그분들을 나의 틀 안에 가뒀었구나라는 생각을 한 적이 있었던 거 같아요. "선생님, 우린 솔직히 그 뿔 달린 북한 공산당은 다 그런 줄 알았고. 선생님 통해서 그런 인식이 많이 깨지고, 똑같은 사람이라는 걸, 알게 됐네요." 그런 얘기를 가끔씩 하거든요. 그러면 "선생님, 똑같아요." 이렇게 표현해요, 우리 삶은 똑같아요. (남한 동료 3)

이 일을 하기 전에 선입견이 있었잖아요. 그게 지금까지 계속 유지됐을 것 같은데요. 좀 저를 성장시켜 준 일인 거 같아요. 되게 부족했었던 거 같아요, 돌이켜 생각해 보니까. 저번에 인터뷰 해 보면서 한 번 더 깊게 생각을 해 봤는데… 아, 일단 그런 것들 다 생각들을 탈피할 수 있었으니까, 성장했단 생각이 들고. 더 나아가서 다양성을 좀 더 존중하게 되었다고 해야 될까? 가치 있는 일인 것 같아요. 나중에 그 통일 이야기나, 어쨌든 (통일을) 숙명처럼 얘기를 많이 하잖아요. 그러면 누군가는 그들에 대해서 잘 알아야 되는데, 제가 또 그런 준비과정에서 나중에 통일이 되고 나서 보탬이 될 수 있겠다라는 그런 생각도 또 갖고 있으니. 그래도 좀 미래지향적으로 좀 괜찮은 일이 아닌가라는 생각은 갖고 있습니다. (남한 동료 1)

2) 북한 동료, 그들에 대한 양가적 감정

남한 동료들은 자신과 함께 근무하는 북한 동료가 신속하게 업무처리를 하거나, 책임감, 충성심 등을 보이는 모습을 통해 긍정적인 이미지를 갖게 된다. 처음 북한 동료를 만나 낯설고 어색한 느낌과는 달리 적극적이고 협동적인 모습으로 자신의 업무 외에도 돕거나 함께 하고자 하는 태도에서 긍정적인 시선이 형성된다. 아울러 북한 동료들의 역량을 확인하고 보다 업무 능력이 성장되기를 바라는 마음도 생겨난다. 하지만 남한 동료들에게 북한 동료는 여전히 경계를 두는 인물들로 존재한다. 예컨대 북한 동료를 괜찮은 사람, 혹은 좋은 사람으로 인식하면서도 자신의 사적인 영역인 집으로는 초대하지 않거나, 돈거래 등 매우 밀접한 개인 사생활과의 연계는 거부하는 등 사회생활의 영역에서만 그들과 관계를 맺고자 하는 특성이 있었다. 즉, 여전히 남한 동료들의 북한 동료에 대한 심리적 거리감은 사라지지 않고 구분 짓고 있음을 알 수 있었다.

양가감정이 생겨요. 네. 그, 하나는 아, 그냥 젊은 남한 애들하고 일했으면 내가 이런 생각이 들었을까? 하는 생각이 하나 들고요. 또 하나는 아, 그럼에도 어쨌든 내가 그, 뭐지, 이렇게 보듬어 줘야 되는 내 사람이라는 생각이 드니까 그래도 내가 좀 더 편안하게 알려주는 것이 업무가 좀 더 유연하게 흘러가는 데 도움이 될 것이다라는 생각을 갖고 있는. 두 가지 생각이 좀 들거든요. 왜냐면 저는 제가 이제 대리라는 직책이 누군가를 옆에서 서포트해 주고 끌어갈 때는 끌어가야 하는 역할이잖아요. 근데, 대리로 올라가면서 후임이라고 만난 사람이 북한 사람이 처음이다 보니까, 남한의 젊은이들에 대한 모습이 딱 제 모습이 생각이 나요. 그래서 차라리 젊은 애랑 일을 했으면 덜 답답하지 않았을까 하는 생각도 갖고 있고요. 그럼에도 강점은 분명 있으시니까. 또 내가 보듬고, 같이 발맞춰 가야 될 사람이라고 이미 정해져 있으니 잘 지내야죠. (남한 동료 1)

3) 양적연구: 북한이주민에 대한 다문화 태도, 공정한 세상에 대한 믿음, 직무스트레스 대처 정도가 일의 의미부여 정도에 미치는 영향

남한 동료들의 변화를 생생한 목소리로 들어보았다. 이와 더불어 남한 동료 84명의 설문을 통해 이들의 변화를 또 다른 각도에서 살펴보고자 한다.

연구에 참여한 남한 동료

참여한 남한 동료는 서울과 경기에 속한 자로 총 84명을 대상으로 질문지를 실시했고, 그중 응답이 불성실한 4인을 제외하고 총 80명의 자료를 분석 자료로 사용하였다. 참여한 남한 동료의 인구통계학적 특성은 다음과 같다. 남한 동료의 성비는 남자 9명(11.3%), 여자 71명(88.8%)으로 여성 응답자가 대부분이었으며, 나이는 평균 45.34세(SD=9.775)였다. 직장이 위치한 지역은 특별시 및 광역시 등 대도시가 27명(33.8%), 중소도시(특별시 및 광역시 외 도시지역) 46명(57.5%), 그리고 농촌지역 7명(8.8%)으로 도시지역이 대다수를 차지하였다. 이들의 직장은 비영리 기관이 58명(72.%)으로 가장 많았고, 영리기관이 9명(11.3%), 그리고 기타 13명(16.3%)이었다. 교육수준은 고등학교 졸업 이하가 5명(6.3%), 고등학교 졸업부터 전문대 수료가 31명(38.8%), 전문대 졸업에서 대학교 중퇴가 12명(15%), 대학교 졸업부터 석사수료가 29명(36.3%), 그리고 대학원 석사 졸업부터 박사 수료가 3명(3.8%)으로 나타났다.

측정도구

변화를 살피기 위해 사용된 척도는 북한이주민에 대한 다문화 태도 척도, 정당한 세상에 대한 믿음 척도, 직무스트레스 대처 척도, 일의 의미 척도이다.

① 북한이주민과 근무하는 남한 동료의 다문화 태도

북한이주민과 근무하는 남한 동료의 다문화 태도를 측정하기 위해, 황선희(2014)가 사용한 북한이주민에 대한 다문화 태도 척도를 활용하였다.

본래 제시되었던 편견, 수용, 신뢰도, 배타감, 관심도, 영향력의 6개 하위영역 척도의 내용 중에서 수용(4문항), 신뢰도(5문항), 그리고 관심도(4문항) 3개의 하위요인의 점수를 합하여 북한이주민에 대한 긍정적인 태도로 명명하여 사용하였다. 또한, 편견(6문항), 배타감(5문항), 그리고 영향력(4문항)의 3개의 하위요인 점수를 합하여 북한이주민에 대한 차별적인 태도를 측정하는 데 사용하였다. 수용의 예시 문항으로는 '나는 북한 동료를 도울 책임이 있다', 신뢰도의 예시 문항으로는 '나는 북한 동료들이 무언가를 빌려달라고 할 때 선뜻 빌려

줄 수 있다', 그리고 관심의 예시 문항으로는 '나는 북한 동료들이 한국사회 적응 중에 겪는 어려움이 무엇인지 알고 있다' 등이 있다. 편견의 예시 문항으로는 '북한 동료는 자신의 책임과 의무에 소홀하다', 배타감 예시 문항은 '나는 북한 동료가 내 동료가 된 것이 싫다', 그리고 영향력의 예시 문항으로는 '머지않아 북한 동료들로 인해 우리 사회에 문제가 발생할 것이다' 등이 있다.

6개 하위영역의 내적 합치도는 수용 .868, 신뢰도 .903, 관심도 .775, 편견 .839, 배타감 .843, 영향력 .883이었고, 수용, 신뢰도, 관심도를 합쳐 측정한 북한이주민의 긍정적 태도의 신뢰도는 .923 그리고 편견, 배타감 및 영향력 점수를 합산하여 측정한 북한이주민에 대한 부정적 태도의 내적 합치도는 .922이었다.

② 북한이주민과 근무하는 남한 동료의 정당한 세상에 대한 믿음

북한이주민과 근무하는 남한 동료의 정당한 세상에 대한 믿음 정도를 측정하기 위해, Lucas et al.,(2007)이 개발하고 김은하 외(2017)가 한국어로 번안 및 타당화한 한국판 정당한 세상에 대한 믿음 척도(Belief in a Just World Scale: K-BJWS)를 사용하였다.

이 척도는 총 16문항으로 각 하위영역 4개 문항으로 구성되었고, 내적 합치도는 분배공정성에 대한 개인적인 믿음 .83, 절차공정성에 대한 개인적인 믿음 .84, 분배공정성에 대한 일반적인 믿음 .90, 절차공정성에 대한 일반적인 믿음 .88로 보고된 바 있다. 저자는 각 공정성에 대한 개인적인 믿음과 일반적인 믿음을 구분하지 않고 합하여, 분배공정성(총 8문항)과 절차공정성(총 8문항) 각각을 측정하여 살펴보았다.

분배공정성의 예시 문항으로는 '나는 내가 마땅히 받아야 할 보상과 처벌을 받으며 살아간다고 생각한다', '나는 일반적으로 내가 가질 자격이 있는 만큼 가진다' 등이 있다. 또한 절차공정성에 대한 믿음의 예시 문항으로는 '사람들은 모든 상황에서 공정하게 평가받는다', '일반적으로 사람들은 공정한 절차를 경험한다' 등이 있다. 각 하위영역의 내적 합치도는 분배공정성에 대한 개인적인 믿음 .804, 절차공정성에 대한 개인적인 믿음 .890, 분배공정성에 대한 일반적인 믿음 .695, 절차공정성에 대한 일반적인 믿음 .825이었고, 개인적 및 일반적인 믿음을 합친 분배공정성과 절차공정성의 신뢰도는 각각 .864와 .931이었다.

③ 북한이주민과 근무하는 남한 동료의 직무 스트레스 대처 역량 척도

북한이주민과 근무하는 남한 동료의 직무 스트레스 대처 역량을 측정하기 위해 정혜경, 탁진국(2018)이 개발 및 타당화한 직무스트레스 대처척도를 활용하였다.

직무스트레스 대처척도의 하위범주는 직무스트레스 인식(5문항), 가치인식 행동(4문항), 직무스트레스 수용(4문항), 목표전념 행동(3문항)으로 구성되었고, 직무스트레스 대처 역량 정도를 측정하기 위하여 16개 전체 문항을 모두 합친 총점이 사용되었다. 직무스트레스의 예시 문항으로는 '내가 받는 스트레스가 어느 정도인지 판단해 본다', '스트레스에서 유발된 불편한 감정이 나에게 어떤 의미인지를 찾으려 노력한다' 등이 있고, 가치인식 행동의 예시 문항으로는 '내가 무엇을 위해 회사에서 열심히 일을 하고 있는지 생각해 본다', '나의 삶에서 직장이 가지는 가치가 어느 정도인지 판단해 본다' 등이 있다. 또한 직무스트레스 수용의 예시 문항으로는 '스트레스로 인해 경험하는 생각과 감정을 통제하지 않고 그대로 받아들인다', '업무로 인해 겪는 스트레스를 피하지 않고 그대로 받아들인다' 등이 있고, 목표전념 행동의 예시 문항으로는 '스트레스 상황에서도 나의 역량을 펼칠 수 있는 올바른 전략에 대해 생각한다', '스트레스가 많지만 내가 추구하고자 하는 바를 달성하는 데 집중한다' 등이 있다. 직무스트레스 대처 역량의 내적 합치도는 .843이었다.

④ 북한이주민과 근무하는 남한 동료의 일의 의미 부여 정도 척도

북한이주민과 근무하는 남한 동료의 일의 의미 부여 정도를 확인하기 위해 탁진국 외(2015)에서 개발 및 타당화하고, 탁진국 외(2017)에서 직장인을 대상으로 구성타당도를 검증한 일의 의미 척도를 사용하였다.

이 중 저자는 생계와 가족부양의 하위 척도들을 제외하고 사회관계와 자아실현을 측정하는 하위요인에 속하는 문항들만 사용하였다. 또한 기존의 척도가 질문하는 방식을 일부 수정하였는데, 저자가 탐구하는 대상인 북한이주민과 근무하는 남한 동료에게 북한이주민과의 일경험을 묻는 질문으로 대상을 고려해 서술을 수정하였다. 이는 전문가 간의 논의과정을 통해 적절하게 수정한 후 활용하였다.

구체적으로, 인정과 대인관계 관련 문항들을 합쳐 사회관계로, 재미추구, 성장기회, 삶의 활력, 사회 기여 하위 척도를 합쳐 자아실현으로 명명하였다. 사회관계(인정과 대인관계)의 예시 문항으로는 '타인으로부터 존경을 받는다', '능력 있는 사람이라는 인정을 받는다' 등 인정에 관한 내용과 '북한 동료와 원활한 인적 교류를 한다', '조직 내에서 북한 동료와 유대감을 형성한다' 등의 대인관계와 관련된 문항이 있다. 또한 자아실현(재미추구, 성장기회, 삶의 활력, 사회 기여)의 예시 문항으로는 '북한 동료와 일을 할 때 재미를 느낀다', '일이 있다는 것 자체가 보람된다' 등의 재미추구 문항, '내 역량의 잠재력을 파악한다', '내 사명과 비전을 이루어간다' 등의 성장기회와 관련된 문항이 있고, '내가 살아 있음을 느낀다', '삶의 활력을 얻는다', '삶의 질을 향상시킨다' 등의 삶의 활력 문항과 '사회 구성원으로서 사회적 책임을 수행한다', '타인과 사회에 도움을 준다' 등의 사회 기여 문항이 있다.
일의 의미의 사회관계 그리고 자아실현의 신뢰도는 각각 .922와 .942이었다.

자료분석

양적 연구는 북한이주민과 함께 근무하는 남한 동료 80명의 자료를 바탕으로 SPSS 26.0 프로그램을 사용하여 분석이 실시되었다. 구체적으로, 남한 동료들의 특성에 대한 빈도분석, 주요변인의 기술통계와 내적 일치도를 산출하고, 상관관계 분석을 실시하여 주요 변인 간 관계와 다중공선성을 확인하였다. 이후, 남한 동료들의 생생한 증언(질적 연구 결과)을 토대로 하여 북한이주민에 대한 다문화 태도, 정당한 세상에 대한 신념과 직무 스트레스 대처 역량이 남한 직장인들이 북한이주민과 근무 경험에서 인정과 양질의 대인관계 등의 사회적 관계 및 자아실현에 의미를 부여하고 만족하는 정도를 각각 확인하기 위하여 다중회귀분석을 실시하였다.

양적연구 결과

남한 동료들의 생생한 증언(질적 연구 결과)을 바탕으로, 북한이주민과 함께 근무하는 남한 동료들의 북한이주민에 대한 다문화 태도, 정당한 세상에 대한 믿음 정도 그리고 직무스트레스 대처 역량이 이들이 북한이주민과의 일경험을 통해 인정이나 자아실현 등 일의 의미를 찾는 데 영향을 미치는 정도를 살펴보고자 하였다. 우선, 남한 동료들의 특성을 보았는데, 그 결과는 다음과 같다.

첫째, 북한이주민과의 근무경험과 직위관계를 물어본 결과, 북한이주민과 함께 근무한 근속연수는 3년 이하가 59명(73.75%), 3년 이상 5년 미만이 14명(17.5%), 그리고 5년 이상이 7명(8.8%)이었고, 직장 내 북한이주민 동료 수는 3명(2명 이상)을 제외하고 모두 1명으로 보고하였다. 북한이주민 동료와의 직장 내 직위관계는 북한이주민과 동급이 60명(75%)으로 대다수를 차지하였고, 그 외에 이들의 상사가 10명(12.5%), 그리고 북한이주민이 남한 동료의 상사인 경우가 5명(6.3%)으로 보고되었다.

둘째, 북한이주민과의 접촉 경험 혹은 북한 관광 등 방문 경험을 살펴본 결과 본 직장에서 함께 근무한 경험 이전에 북한이주민과 접촉 경험이 한 번도 없음이 57명(71.3%)으로 다수를 차지하였고, 한두 차례 만나고 안면만 있는 경우가 13명(16.3%), 그리고 친밀한 관계를 가진 경험이 10명(12.6%)이었다. 가족 중 북한이주민이 있는 경우는 6명(7.5%)이었고, 북한방문 경험도 3명(3%)만 경험이 있다고 대답하였다.

마지막으로, 북한이주민 이해에 관한 교육을 받아본 경험에 대해서는 80명 중 67명(83.8%)이 없다고 응답하였고 오직 13명(16.3%)만 받은 적이 있었다. 또한, 북한이주민들의 북한에서의 경력 및 자격을 인정해 주어야 할 것인가에 대한 질문에 대해서는 43명(53.8%)이 일정한 보수과정과 시험을 거친 후 인정해야 한다고 응답하였고, 특별 절차 없이 최대한 인정해야 한다가 27명(33.8%), 그리고 인정할 수 없다가 6명(7.5%)으로 나타났다. 만약 자신이 고용주라면 북한이주민을 자신의 회사에 고용할 용의가 있는가라는 질문에 고용의사가 있다가 58명(70%)으로 대다수를 차지하였다.

이후, 북한이주민과 함께 근무하는 남한 직장인들의 북한이주민 동료에 대한 긍 · 부정적 태도, 직무스트레스 대처 역량, 공정한 세상에 대한 믿음, 그리고 일의 의미 등의 주요 변인들의 평균, 표준편차, 왜도 및 첨도를 산출하였고 그 결과는 〈표 12〉와 같다. 구주요 결과로서, 왜도와 첨도 모두 정규분포 가정을 만족하는 범위(각각 절댓값 3, 7 이하)로 확인되었다. 주요 변인들 간의 상관관계를 살펴본 결과, 북한이주민과의 직장 경험을 통해서 사회적 관계가 확장되고 자아실현이 실현된다고 느끼는 정도가 북한이주민에 대한 신뢰감, 수용 및 관심 정도인 긍정적인 태도와 직무스트레스 대처 역량과 유의미한 정적 관계가 〈표 12〉와 같이 나타났다.

〈표 12〉 주요 변인들의 기술통계와 상관관계

	1	2	3	4	5	6	7
1	1						
2	−.142	1					
3	.035	−.572**	1				
4	.176	.171	−.320**	1			
5	−.017	.170	−.340**	.789**	1		
6	.159	.486**	−.427**	.406**	.466**	1	
7	.190	.388**	−.308**	.427**	.417**	.865**	1
M	2.354	3.41	1.89	3.30	3.466	3.591	3.496
SD	.387	.676	.656	.593	.688	.495	.489
왜도	.034	−.330	.419	.079	.246	.228	.395
첨도	−.272	1.102	−.191	−.396	−.109	−.407	.740

$^{*}p < .05$ $^{**}p < .01$ $N = 438$

주. 1. 직무스트레스 대처 역량, 2. 북한이주민에 대한 긍정적 태도, 3. 북한이주민에 대한 부정적 태도, 4. 분배공정성, 5. 절차공정성, 6. 일의 의미_사회관계, 7. 일의 의미_자아실현

이러한 기술통계와 상관관계 결과를 바탕으로, 다중회귀분석을 실시하여 북한이주민에 대한 다문화 태도, 정당한 세상에 대한 믿음, 그리고 직무스트레스 대처역량이 일에 의미를 부여하는 정도에 미치는 영향을 살펴보고자 하였다. 구체적으로 일의 의미는 크게 두 가지로 나누어 살펴보았는데, 남한 동료들이 북한이주민과의 직장 생활 경험을 통해 타인으로부터 인정을 받고 대인관계 질이 향상되는 등의 사회관계에 의미를 부여하는 정도와 일에서 재미를 추구하고 성장의 기회로 여기며, 삶의 활력을 얻는다고 느끼는 등의 자아실현에 의미를 부여하는 정도로 나누어 살펴보았다.

〈표 13〉 북한이주민에 대한 긍 · 부정적 태도, 정당한 세상에 대한 믿음, 직무스트레스 대처 역량 정도가 사회관계에 일의 의미 부여 정도에 미치는 영향에 대한 다중회귀분석 결과

구분	종속변인: 사회관계 일 의미 부여	
독립변인	B	β
북한이주민에 대한 긍정적 태도	.305	.416***
북한이주민에 대한 부정적 태도	−.056	−.074
분배공정성	−.056	−.068
절차공정성	.307	.427**
직무스트레스 대처 역량	.306	.240*
R	.443	
R^2	.406	
F	11.791	

*$p < .05$, **$p < .01$, ***$p < .001$ $N = 80$

우선, 일에서 사회관계에 초점을 두고 의미를 부여하는 정도를 종속변인으로 하여, 다중회귀분석을 실시한 결과, 북한이주민에 대한 긍정적 태도, 정당한 세상에 대한 믿음 중 절차공정성에 대한 믿음, 그리고 직무스트레스 수용 및 대처 역량이 일의 의미를 사회관계에 둔 정도를 40.6% 설명하는 것으로 나타났다. 구체적으로 살펴보면, 북한이주민에 대한 긍정적 태도(ß=.416, p<.001), 절차공정성(ß=.427, p<.01), 그리고 직무스트레스 대처 역량(ß=.240, p<.05) 순으로 사회관계에 일의 의미를 둔 정도를 설명하는 유의한 변인으로 확인되었다.

〈표 14〉 북한이주민에 대한 긍 · 부정적 태도, 정당한 세상에 대한 믿음, 직무스트레스 대처 역량 정도가 자아실현에 일의 의미 부여 정도에 미치는 영향에 대한 다중회귀분석 결과

구분	종속변인: 자아실현 일 의미부여	
독립변인	B	ß
북한이주민에 대한 긍정적 태도	.266	.367**
북한이주민에 대한 부정적 태도	.018	.024
분배공정성	.094	.114
절차공정성	.197	.277
직무스트레스 대처 역량	.295	.226*
R	.585	
R^2	.342	
F	7.694	

*$p < .05$, **$p < .01$, ***$p < .001$ $N = 80$

또한 일에서 자아실현에 초점을 두고 의미를 부여하는 정도를 종속변인으로 하여, 다중회귀분석을 실시한 결과는 〈표 14〉에 제시된 바와 같다. 구체적으로, 북한이주민에 대한 긍정적 태도, 정당한 세상에 대한 믿음 중 절차공정성에 대한 믿음, 그리고 직무스트레스 수용 및 대처 역량이 일의 의미를 자아실현에 둔 정도를 34.2% 설명하는 것으로 나타났다. 구체적으로, 북한이주민에 대한 긍정적 태도(ß=.367, p〈.01)와 직무스트레스 수용 및 대처 역량(ß=.226, p〈.05)이 자아실현에 일의 의미를 부여하는 정도를 설명하는 유의한 변인으로 확인되었다.

제3장 북한배경 청소년의 진로 발달

북한배경 청소년들은 자신을 사회적 소수자로 인식하며 지속적으로 진로 발달 과정에서의 어려움을 경험한다. 따라서 북한배경 청소년을 대상으로 한 상담학적 개입과 도움이 필요하다. 이에 이 장은 북한이주민의 진로 발달 과정에 대해 살피고자 하며, 이들을 도울 수 있는 진로상담 프로그램의 방향성과 예시에 대해 살피고자 한다. 본 장은 「북한배경 청소년 대상 진로상담 프로그램 설계를 위한 전문가집단 FGI 연구」(지은 외, 2021)와 「북한배경 청소년 대상 온라인 생애진로설계 집단상담 프로그램 개발 및 효과」(신윤정 외, 2022)[3]에 기술된 내용을 바탕으로 한다.

연구 참여자들을 대상으로 포커스 그룹 인터뷰(FGI)를 진행하였고, 얻은 자료는 반복적 비교분석법(constant comparison method)을 통해 분석되었으며, '개방 코딩', '범주화', '범주 확인'의 3가지 과정이 포함되었다. 인터뷰의 자세한 절차는 다음 표와 같다.

〈표 15〉 전문가들의 인구통계학적 정보

구분	성별	경력	소속	지위
1	여	30년	B종합사회복지관	관장
2	여	15년	**마음건강센터	센터장

3 이 장에서 소개한 연구는 모두 게재된 해당 학회의 재수록 동의를 얻어 재구성하였음을 밝힌다.

구분	성별	경력	소속	지위
3	여	5년	**대학교	교수
4	남	20년	D종합사회복지관	관장
5	여	18년	**재단	팀장
6	남	13년	**취업지원센터	센터장

〈표 16〉 FGI 절차

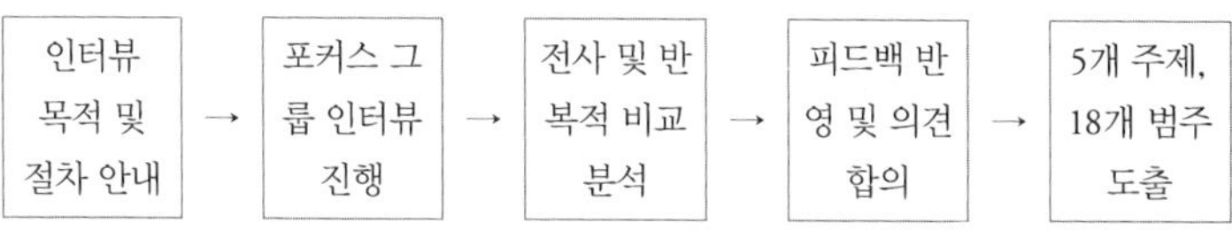

1. 청소년들의 진로 발달 장벽

북한배경 청소년들이 자신만의 진로를 발달시켜 나가는 과정에서 다양한 어려움이 발생했다. 보다 구체적으로 살펴보면 다음과 같은 4가지 사항이 두드러지는 것으로 나타났다.

〈표 17〉 북한배경 청소년들의 진로 발달 장벽

	주제
1	자기이해 및 직업정보의 부족
2	다양한 배경으로 인한 집단의 이질성
3	문화 차이로 인한 집단활동의 어려움과 노동 가치의 차이
4	직선적인 표현과 타인의 문제점을 빠르게 발견하는 것의 습관화

1) 자기이해 및 직업정보의 부족

북한배경 청소년들은 자기이해와 직업정보가 부족할 것으로 여겨졌다. 2020 탈북청소년 실태조사(남북하나재단, 2020)를 살펴보면 북한배경 청소년들이 진로에서 경험하는 어려움을 확인할 수 있다. 응답자 총 456명 중 36.3%에 해당하는 청소년들은 '나는 다양한 직업의 종류에 대해 알지 못한다'고 응답하였으며, 32.9%가 '나는 나를 잘 몰라서 앞으로 무엇을 해야 할지 모르겠다'고 응답하였다. 전문가들 역시 북한배경 청소년들이 진로 및 직업에서 어려움을 느끼는 부분은 정보의 부족이라고 꼽으며, 적절한 지원을 위해서는 '자기에 대한 이해'가 선행되어야 하며 유용하고 다양한 진로정보가 제공되는 것이 필요하다고 보았다.

〈진로 자본의 부족〉

> 진로 자본이라는 게 없는 거예요. 분명 제가 볼 때는 얘네들이 잘하는 게 있어요. 만들기도 잘하고 나름 이게 수학능력이 또 뛰어나기도 하고 신체 능력 발달이 좋은 친구들도 있고 그렇거든요. 그런데 이게 내가 잘 한 건지 부족한 건지를 비교할 수 있는 어떤 상황들이 없는 거예요. 그런 확인들이. (참여자 3)

2) 다양한 배경으로 인한 집단의 이질성

북한배경 청소년의 배경은 다양하며 이에 따라 서로 다른 정체성과 상황을 경험한다. 이는 북한배경 청소년들에게 동일한 가이드라인을 적용할 때 많은 문제가 발생할 수 있음을 시사한다. 실제로 북한배경 청소년들은 북한에서 직접 들어온 '탈북청소년'뿐만 아니라 남한에서 태어난 '탈북가정의 자녀'나 중국 등 '제3국에서 출생'한 후 남한으로 온 청소년들까지 다양하다. 이는 다양한 차이를 만들어내는데, 특히 두드러지는 것은 언어의 사용방식으로 남한에서 태어난 청소년들은 한국말 사용에 무리가 없으며 스스로를 남한 사람이라고 정체화하는 경우가 많다. 그러나 북한에서 일정 기간 거주한 청소년은 북한 말투(사투리)가 남아 있으며, 제3국에서 출생한 청소년들은 중국어 등 외국어를 모국어처럼 여기거나 한국말을 아예 구사하지 못하는 경우가 있다.

〈다양한 출신의 북한배경 청소년〉

탈북배경 청소년들이 북한 출생, 제3국 출생, 남한 출생부터 벌써 3가지 카테고리로 또 나눠지고 그 안에서는 연구가 있는지 없는지, 국내 거주하는지, 국외 거주하는지 매우 복잡하기 때문에 어디서는 또 '탈북청소년', 어디서는 '북한이탈주민자녀', '탈북학생' 다 다르거든요. 2014년 이후 제3국 출생들이 배가 많거든요, 훨씬 많아요. 제3국에 있는데 거주 기간이 더 오래되면 오래된 친구들은 벌써 정체성이 중국인이거든요. 아무리 엄마가 좀 아쉬움에 남한에 데리고 와도 이 아이는 벌써 중국인의 정체성을 가지고 있기 때문에 그냥 이탈하고 돌아가고자 하고 있고…. (참여자 3)

3) 문화 차이로 인한 집단활동의 어려움과 노동 가치의 차이

북한배경 청소년들은 남북한의 문화 차이로 인해 집단활동에 어려움을 느낄 수 있으며, 노동의 가치에 대한 개념이 남한 사람들과는 차이가 있을 수 있다. 남한에서의 집단활동은 의무적인 역할

분담과 순응이 아니라, 자유롭게 의견을 공유하고 상호합의를 도출하는 과정이기 때문에 이에 익숙하지 않은 북한배경 청소년들은 이를 낯설고 어렵게 느낄 수 있다. 또한 북한사회에서의 노동은 자신이 선택한 결과물이 아니며 당의 정책에 따라 강제적으로 부과되는 경우가 많아 남한의 자본주의와 능력주의에 기반한 노동의 개념과 상이할 수 있다(전주람, 신윤정, 2019). 다만 북한사회가 90년대부터 경제적으로 급격히 어려워지면서 배급이 부족해지는 등 사회주의 국가가 보장해야 할 생존권을 개별 주민이 스스로 지키게 됨으로써 생계유지 수단으로써 노동을 인식하게 됐다는 점은 남한과 유사해진 지점이기도 하다(김은숙, 2020). 또한 북한배경 청소년들은 남한과의 문화 차이뿐만 아니라, 북한에서 다른 시기를 경험한 부모와도 태도와 사고가 상이할 수 있어 이는 세대 간의 갈등을 유발할 수 있다.

〈협력 경험의 부족〉

보통은 이제 일반 남한에 있는 분들한테 "북한이탈주민은 뭘 잘할 것 같아?" 하면 "집단으로 뭘 잘할 것 같다"고 그러거든요. 근데 제가 만난 북한이탈주민은 모두 집단으로 행하는 것을 가장 어려워해요. 그것도 제가 느낀 건데 한 번도 북한에서 집단으로 어떤 집단에서 함께 하는 역할이 별로 없었다는 거예요. 개인의 역할이 있었을 뿐이지, 어떤 책임과 어떤 의무가 주어졌을 뿐이지, 협력해서 어떤 과정을 이루어가는 것들은 상대적으로 굉장히 적었다는 거예요. (참여자 6)

〈일에 대한 시각에서의 차이〉

북에서 오신 분들이 가지고 있는 직업이 남한에서 생각하고 있는 사람들의 직업의 개념이 다르죠. 우리 자본주의 사회에서는 직업이라는 것은 뭐냐 하면 '태어나면 먹고살기 위해서 생계를 위해서 해야 된다'라고 하는 판단을 가지고 있어요. 그런데 북에서는 '노동은 하나의, 누구나 다 노동을 한다.' 그래서 우리가 분화되어있는 것 중에 일부분을 하는 것이다라고 해서 생계에 대한 개념이 좀 덜하죠. (참여자 4)

4) 직선적인 표현과 타인의 문제점을 빠르게 발견하는 것의 습관화

북한배경 청소년은 다소 직설적인 표현을 할 수 있고 북한에서 진행하던 생활총화 문화가 습관화되었기 때문에 타인의 문제점을 발견하고 지적하는 것에 능숙하다. 생활총화는 북한에서 조직 생활의 핵심으로 주기적으로 실시하며 일상생활을 반성하는 행사이다. 또한 이는 북한 사람들에게 '적절한 정도의 문제점을 고백하고 해결책을 들음으로써 면죄부를 얻는 의례'로 정의된다(김선경, 2016). 정향진(2005)의 연구에서 북한배경 청소년들의 감정표현 양식은 남한에서 일상적으로 받아들여지는 규범과는 다르게 직설적으로 감정을 드러내는 방식임을 밝혔다. 이것은 상대방에게 불만이 있더라도 감정을 드러내지 않고 우회적으로 표현하는 남한사회의 문화와 대조적이며, 이는 북한배경 청소년이 대인관계에서 경험하는 갈등에 영향을 미칠 수 있다.

〈문제점에 대한 빠른 발견〉

저는 제가 만난 북한이탈주민이 잘하는 게 한 가지 있더라고요. 제가 뭘 잘하나 했더니 문제점을 빨리 발견하더라고요. … 그게 이제 북한에서 어떤 생활총화

시간에 늘 연습했잖아요, 오랜 기간 동안 그러다 보니까 딱 바로 발견하는 거예요. 혹시라도 직선적인 표현을 했을 때 갑자기 경색된 표정이나 '오늘 망쳤구나!' 이런 느낌을 가지면 안 된다는 거예요. 그건 일반적으로 생각할 때 문제점을 얘기하면 뭔가 불만족해서 하는 것이라고 생각하지만, 그렇지 않을 수도 있다는 거예요. (참여자 6)

2. 청소년들의 진로 발달 지원 방안

북한배경 청소년들의 진로 발달 및 진로교육 관련하여 다양한 연구가 진행되고 실제로 적용하는 것까지 이어지고 있음에도 불구하고 북한배경 청소년들을 위한 진로 관련 프로그램은 여전히 몇 가지 측면에서 제한점을 드러낸다. 첫째, 북한배경 청소년 대상 진로 발달 프로그램은 상대적으로 특수교육대상자, 다문화배경, 학교 밖 또는 학업중단 학생 집단과 같은 다른 소수자 집단에 비해 상대적으로 덜 연구된 경향이 있다(문진희, 2018; 윤혜순, 2014; 황매향, 선혜연, 2013). 둘째, 북한배경 청소년을 위한 진로 관련 프로그램은 주로 일종의 동화주의적 패러다임에 토대를 두고 있다는 비판을 받기도 한다(문희정, 손은령, 2019). 북한배경 청소년들의 진로 관련 자기효능감이나 집단효능감 탐색은 여전히 중요함에도 불구하고 고유한 문화를 버리도록 만드는 것은 이들에게 부정적인 영향을 줄 수 있다. 이들만의 특성에 기반하고 자원을 살리는 강점 중심 진로교육-상담 패러다임을 적용하는 것 역시 유용하게 고려될 사항으로 보인다. 셋째, 북한배경 청소년 대상 진로 프로그램 연구가 활발하게 이루어지지 않는 것은 참여자 확보의 어려움과 관련 있다. 북한배경 청소년들이 자신의 문화적 정체성을 드러내기 힘든 현실(노은희, 2021)로 인해 참여자 확보가 어렵고, 이는 프로그램 구성 시 집단원의 동질성 확보나 무선표집의 어려움으로 이어져 진로 프로그램의 기획 단계에서부터 한계로 작용할 가능성이 있다. 이러한 한계를 고려하였을 때, 북한배경 청소년 집단의 특성 및 문화적 배경과 동시에 이들의 욕구를 고려하고 반영한 지원을 제공하는 것이 필요할 것이다(신윤정 외, 2021; Shin et al., 2023). 북한배경 청소년을 대상으로 진로 지원을 제공할 때 포함되어야 할 사항과 방향성을 보다 구체적으로 살펴보고자 한다. 본 내용은 북한배경 청소년들을 대상으로 인터뷰를 진행한 내용 (Shin et al., 2023)을 기반으로 재구성되었다.

〈표 18〉 북한배경 청소년 진로 지원 지침

	주제
1	나에 대한 이해
2	다양한 자극의 경험
3	학교생활의 어려움 점검
4	가족에 대한 탐색 및 개입
5	모델링 할 인물의 소개
6	남한 청소년과 다르지 않은 존재임을 인식하도록 지원

1) 자기이해

첫째, '나에 대한 이해'를 할 수 있도록 내용을 구성하는 것이다. 내가 좋아하는 것과 잘 해낼 수 있는 것, 현재 보유하고 있는 자원이 무엇인지 탐색하는 것은 앞으로 평생에 걸쳐 이루어질 진로 발달 및 성장의 여정에 초석이 될 수 있다. 또한 현재의 나에 대한 이해에만 국한되지 않고, 북한배경 청소년들이 미래의 자신의 모습을 그려내는 방식에 주목할 필요가 있다. 오은경(2018)은 북한이탈주민의 경우 북한이탈주민이라는 정체성으로 인해 차별받지 않고 어엿한 남한사회의 일원으로 자신의 역할을 온전히 해내고 싶은 욕구가 있음을 이야기하였다. 또한, 경제적인 안정을 통해 단지 복지의 혜택을 받기만 하는 역할에서 벗어나서 납세자의 의무를 다하고 싶은 욕구도 있음을 강조했다. 이와 같이 북한배경 청소년들이 꿈꾸는 미래상을 지속적으로 추구할 수 있도록 프로그램의 방향을 설정할 필요가 있다. 이러한 나에 대한 이해는 이들이 자신의 가치 및 삶의 의미와 일치하는 진로를 탐색하도록 기여할 수 있다. 일례로 '통일의 시금석'의 역할을 하고 북한이주민으로서 좋은 인상을 남기고자 하는 가치를 추구하는 데 기여하는 진로 발달을 이룰 수 있도록 돕는 것이 포함된다.

〈강점 기반 접근〉

> 자기 탐색에 대한 부분들이 만약에 한다면 '내가 이걸 잘하고 있구나'에 대한 강점이라든지 내가 정말 흥미 있어 하는 게 단순히 그냥 흥미가 있는 게 아니고 정말 너가 그것을 잘하기 때문에 그게 너의 적성에 맞아서 잘하는 거다. 연결고리가 많이 부족하다는 느낌들을 많이 받았거든요. 흥미나 적성들이 있더라도 그게 잘하는 거에 대한 타당화라고 할까요. 그런 확인 안내들도 함께 찾아가면서 '내가 이걸 잘하는 거였구나', '내가 이게 조금 더 재미있어하는 이유가 있었구나'라는 어떤 자기이해를 조금 더 쉽게 했었으면 좋겠다라는 생각이 좀 필요하다는 생각이 좀 들었다라는 거고요. (참여자 3)

〈도움이 되는 존재로서의 자기개념 촉진〉

> 같은 북한이탈주민인데 사실 부정적인 시각으로 보는 사람들도 상당히 많기 때문에 '북한이탈주민으로서 좀 모델링을 하고 싶은' 그런 어떤 개인적인 바람들도 그 개인들에게 존재하는 거예요…. 통일의 시금석으로서 나중에 남과 북이 또 어떻게 될지 모르는데 그때 내가 무언가 도움이 되고 '내가 내 고향에 돌아갔을 때도 도움이 되는 존재였음 좋겠다'는 그런 바람들을 가지고 계속 삶의 동기들을 만들어가고 적응해 가는 모습들이 있었다는 것들을 조금 말씀드려 보고 싶고요. (참여자 3)

2) 다양한 자극의 경험: 예술매체, 문화 창작물 등

둘째, 청소년들의 연령에 맞게 흥미를 유발하고 재미에 기반한 자유로운 탐색을 해 나갈 수 있도록 다양한 매체와 문화 창작물을 활용한 진로 경험을 제공하는 것이 필요하다. 현재 정부에서 북한 배경 청소년을 대상으로 제공하고 있는 '문화예술교육프로그램'은 만족도가 매우 높은 것으로 나타났다(안지언, 김석호, 2015). 예술매체는 청소년들 간에 소통에 도움이 될 뿐만 아니라 예술적 소양을 함양시키는 것에도 기여한다.

〈생각하는 힘의 함양〉

> 생각하는 힘, 또 그 생각한 걸 표현해 낼 수 있는 이런 것들을 할 수 있는 게 책도 있고 다양한 저런 매체가 요즘 세대는 많다 생각하는데 그런 것들이 좀 아이들의 이렇게 사고의 틀들을 좀 깨질 수 있으면 좋겠다. 다양한 자극들이 좀 되면 좋겠다. (참여자 1)

3) 학교생활에서 어려움이 있는지

셋째, 학교생활에서 경험하는 어려움을 탐색하는 내용도 도움이 될 수 있는데, 한국의 의무교육에 따라 학교생활을 하는 북한배경 청소년들에게 학교생활은 곧 사회생활이며 학교 적응은 청소년이 사회에 얼마나 적응했는지 보여주는 주요한 지표가 된다. 따라서 프로그램 시작 전 사전 스크리닝이나 요구 사정, 프로그램의 구조화 내용에서 학교생활에서 겪는 어려움을 다뤄볼 수 있도록 구성하는 것이 필요하다.

〈학교생활 적응에 어려움을 겪는 영역 구체화〉

> 우리 남한 청소년들도 학교생활을 하면서 어려움을 뭐 이렇게 맞닥뜨리는데 개별적인 상황에 따라서 있다라고 생각하는데, 어떤 부분이 학교생활을 하면서 적응이 어려움이 있는지에 대한 그런 영역들을 조금 좀 이렇게 다뤄봤으면 좋겠다. (참여자 1)

4) 그들의 가족은 어떠한지

넷째, 북한배경 청소년의 가족에 대한 탐색과 개입을 하는 프로그램을 구성하는 것이 유용할 수 있다. 청소년들은 일상의 대부분의 시간을 가정에서 보내기 때문에 지속적인 진로개발을 하기 위해서는 가장 가까운 환경에 있는 보호자의 유기적인 협력이 필요하기 때문이다. 그러나 양육자 역시 정서적인 여유가 부족하다면 자녀를 돌볼 여력이 되지 않으며, 의욕은 있으나 충분한 정보가 없는 경우가 많다. 따라서 청소년의 진로 발달에 대해 심도 있게 다루는 부모

교육 프로그램을 병행하여 양육자가 북한배경 청소년의 진로에 현실적인 지지 자원으로서 기능할 수 있도록 조력할 수 있다.

〈부모 교육의 제공〉

북에서 오신 부모님들도 자녀에 대한 관심 되게 높거든요. 그런데 어떻게 뭘 해야 될지 몰라요. 그런 맥락에서 본다고 하면 이 결국 탈북청소년의 진로 지도도 우리가 옆에서 많은 얘기를 해야겠지만 그것에 대한 얘기를 함께 하고 바라봐 주고 응원해 줄 그 보호자들에 대한 접근도 대단히 중요하겠다. (참여자 4)

5) 모델링이 되는 인물을 통해

전문가들은 긍정적인 낙관을 갖고 미래를 그려 나갈 수 있도록 롤 모델로 삼을 수 있는 가까운 인물을 소개하는 내용 구성을 제언하였다. 이때 심리적 거리가 가깝다는 것은 배경이 비슷한 이주민 등이 포함될 수 있다. 이들 중에서도 사전에 집단원들이 관심 갖는 직업이 무엇인지 탐색하고 이를 기반으로 선발한 롤 모델을 통해 동기부여의 기회를 제공할 수 있다.

〈심리적 거리가 가까운 모델의 제공〉

이제 사실 모델이 필요한 거예요. 그래서 꿈을 이룬 대학. 오빠가 뭐 하나를 대학 뭐. 누구든 뭐 하나를 안내해 준다든지 가이드를 제공한다든지 어떤 모델 통해 또 새로 어떤 희망을 가지고 고취시킬 수도 있고 하니까. (참여자 3)

저희 프로그램이 또 반드시 선배가 등장해요. 그래서 '이러한 진로 설계를 해서 4년 동안 노력했더니 이런 결과가 나왔다'라고 하는 선배가 와서 그런 것들에 대해서 자신이 어떻게 꿈을 세웠고 어떤 도전을 했는지 이런 것들을 안내해 주면 거기에 참가한 학생들이 더 능동적으로 하게 돼요. 그래서 그런 것들에 대한 모델링이 좀 필요하고요. (참여자 6)

6) 남한 청소년과 다르지 않은 존재임을 인식하도록

마지막으로, 북한배경 청소년이 자신의 정체성을 단지 소수자, 제약이 있는 존재로만 인식하지 않고 남한 청소년과 똑같이 꿈꾸고 도전할 수 있는 존재로서 인식하는 것이 필요하다. 일반적인 남한 청소년의 경우 여가가 보장되고 스트레스를 덜 받으며, 충분한 시간 동안 가치 있는 일을 천천히 탐색해 나가는 경우가 많다. 북한배경 청소년들도 다른 청소년과 다를 바 없다는 것을 강조하는 것과 동시에, 환경적으로 지원을 받기 어려운 지점에 대해서도 충분히 중점을 두어 개입할 필요가 있다.

7) 집단 프로그램 진행 시 유의 사항

북한배경 청소년을 대상으로 진로 상담과 프로그램을 구성한다면 이들의 특성과 제공되어야 할 사항을 고려할 필요가 있다. 실제로 프로그램을 운영한다고 할 때, 북한배경 청소년들과의 관계를 형성하고 원활하게 운영할 수 있도록 고려할 점을 구체적으로 살펴보았다. 이는 대면집단 및 공동운영 등의 구조화에서 고려해야 할 사항, 여러 회기로 구성되는 집단상담 프로그램에 지속적인 참여 독려를 위하여 유용하게 활용할 수 있는 방안, 그리고 프로그램 참여 과정 중 소소한 성공 경험 제공 등 전반적인 프로그램 운영상

참고사항에 이르기까지 크게 세 가지 측면으로 나뉜다.

〈표 19〉 북한배경 청소년 진로 상담 프로그램 운영

	단계	주제
1	구조화 단계	대면 집단
		적은 보상
		공동 운영
		필요시 개인상담
2	프로그램 초반	라포 형성
		동기부여
		팀워크
3	프로그램 전반적 참고사항	작은 성공 경험
		심리검사 지양
		지속적 관찰

구조화 단계에서는 대면집단 운영, 적은 보상, 공동운영, 필요시 개인상담의 병행을 제언하였다. 우선 북한배경 청소년뿐만 아니라 청소년들이 온라인으로 진행하는 것에 대해 집중하기 어려워하고 거부감이 크다는 것을 고려하면 온라인 비대면보다는 오프라인 대면 진로상담 프로그램이 더 유용할 수 있다. 집단상담에서는 특히 관계성이 중요한 만큼 제약이 있더라도 최대한 대면과 비대면을 혼합하여 구성하는 등 대안책을 마련하는 것이 필요하다.

둘째로, 자발적 및 능동적 참여를 독려하기 위하여 보상은 최소로 할 필요가 있다. 교통비나 장학금 등의 물질적 보상을 제공할 때, 참여자 모집은 용이할 수 있으나 이것이 능동적인 참여와 성공적인 결과로 이어지는 것을 보장하지는 않는다. 그보다는 프로그램에 참여함으로써 얻을 수 있는 유익한 결과와 성장할 수 있는 부분을 명료하게 제시함으로써 자발적인 동기를 강화할 필요가 있다. 참여 독려를 위해서는 리더와 참여자가 함께 집단을 운영하는 방식도 유용할 수 있다. 방관하는 역할에만 머무르지 않고 타임 키퍼, 청소 등 다양한 역할을 부여하여 프로그램을 함께 운영할 수 있도록 촉진할 때 능동적이고 적극적인 참여가 가능해질 수 있다.

〈주인 의식의 고취〉

> 자신이 같이 함께하는 주인이 되어야 하니까 주인이 되는 것들을 많이 연습시켜요. 예를 들어서, 저희는 프로그램에서 항상 같이 운영한다고 하거든요. 그래서 그냥 와서 교육생이 아니라 교육에 같이 동참하는 팀원이 되는 거죠. 그래서 예를 들어서 뭐 청소도 돌아가면서 하고요. 그다음에 예를 들어서, 어떤 연락이 있으면 제가 하지 않고 학생들이 할 수 있도록 그리고 또 예를 들면, 1시간 단위로 쉬는 시간이 있으면 타임 키퍼를 둬서 학생들이 제때 돌아올 수 있도록 이런 타임 키퍼 제도 이런. 아무튼 다양한 함께 공동으로 이 프로그램을 운영한다는 차원에서 그런 것들을 하다 보면 훨씬 더 높게 능동적으로 적극적으로 참여하는 그런 일들을 많이 발견했어요. (참여자 6)

마지막으로는 필요시 개인상담을 병행하는 것이 필요하다. 초기에는 개별적 사전 면담을 진행하여 참여자가 프로그램에 대해 잘 알 수 있도록 집단 리더와 프로그램을 소개하는 등 충분한 정보를 제공하는 것이 필요하다. 이뿐만 아니라 참여자에게 참여 동기를 물어보며 필요시 집단상담보다는 개인상담으로 연계하는 등 스크리닝하는 작업이 필요하다. 중기에는 집단에 잘 적응하고 있으며 어려움은 없는지를 세부적으로 점검하는 것이 유용하며, 프로그램이 종료된 후에도 프로그램을 통해서 얻은 것과 후속적으로 필요한 내용이 무엇인지를 확인하는 것을 통하여 프로그램의 효과성을 확인하고 증진시킬 수 있다.

프로그램 초반 단계에서는 라포 형성과 동기부여 및 팀워크 향상이 매우 중요한 과제이다. 특히 라포 형성은 이미 많은 전문가들이 공통적으로 언급하는 중요한 사항이다. 특히, 초반에 조사하듯이 질문을 받는 것은 북한배경 청소년들에게 국정원 조사실의 경험과 유사하게 느껴질 수 있기 때문에 유의해야 한다. 이에 진로에 관한 가벼운 에피소드 위주로 탐색하는 것이 좋고, 북한에서의 경험이나 깊은 내용은 충분히 라포가 형성된 이후인 프로그램 중반에 배치할 필요가 있다. 다음으로 동기부여와 관련하여, 프로그램 시작 전 구조화 단계뿐만 아니라 매 회기에 구체적인 목표에 대해서 명시적으로 제시하고 진행 과정에서도 지속적으로 목표를 함께 점검하는 것이 필요하다. 마지막으로 프로그램 초반 단계에서 팀워크를 증진시켜 중반 단계 이후에 깊은 내적 탐색이 진행될 수 있도록 하는 것이 필요하다. 북한청소년의 특성 중 하나로 집단으로 자발적으로 협력하고 논의 면은 목표를 이루어 가는 경험이 상대적으로 적었다고 언급되었는데, 이에 공동의 레크리에이션, 아이스 브레이킹 등 팀워크를 증진하고 분위기를 부드럽게 만들 수 있는 프로그램이 초반에 제시될 필요가 있다.

〈신뢰롭고 협력적인 관계의 형성〉

> 특히 한국에 거주한 지 오래되지 않은 분들에서 나타나는 것인데 어떤 신뢰라는 문제가 되게 중요한 영역이에요. 특히 집단 프로그램에 있어서 신뢰가 기반되지 않으면 언제든지 드랍이 될 수 있거든요. 그래서 저희 프로그램의 대부분이 초기 일주일, 저희가 풀 데이 프로그램이니까 초기 일주일은 신뢰를 쌓는 것들을 굉장히 중요시 여겨요. (참여자 6)

〈동기부여가 되는 목표의 설정〉

> 프로그램을 했으면 구체적인 목표가 있어야 되잖아요. 그리고 그 프로그램이 끝나면 학생들이 어떤 것을 얻게 될지 어떤 것을 경험하게 될지에 대해서 분명히 선언적으로 또는 알려줄 필요가 있어요. (참여자 6)

〈팀워크의 증진〉

> 팀워크를 증진하는 프로그램을 꼭 넣었으면 좋겠어요. 그래서 공동의 간단한 레크리에이션 프로그램이라든지 뭔가 그런 형태로 해서 거기 있는 사람들이 친해지는 거가 굉장히 중요한 것 같아요. 일단 친해지면 마음의 장벽이 무너지거든요. (참여자 6)

프로그램을 진행하고 운영하는 것에 있어 주의를 기울여야 할 또 다른 점은 작은 성공 경험을 제공하고, 심리검사를 지양하며 지속적으로 관찰하는 것이다. 우선, 전문가들은 효능감을 증진시킬 수 있는 작은 성공 경험을 할 수 있도록 도울 필요가 있다고 보았다. 이는 남한 청소년들에 비해 북한배경 청소년들이 진로 목표를 설정함에 있어 확신과 자신감은 높은 편이지만 실제로 이것이 구체적인 목표 설정 및 준비로 이어지기는 어렵다는 선행 연구 결과와 유사한 내용으로(김혜경, 2012), 프로그램 회기 내에서 진로 효능감을 증진시킬 수 있는 성공 경험을 의도적으로 배치하는 것이 필요하다.

〈자기효능감을 증진시키는 과제 부여〉

> 제가 경험한 북한이탈주민인데, 특히 북한에서 어느 정도 살고 온 분들의 특징은 자존감은 굉장히 대부분 높아요. 근데 자기효능감은 상대적으로 많이 떨어져요. 보통은 일반 남한분들은 자존감이 높으면 자기효능감도 비교적 높은 경우를 더 많이 발견하는데 자기효능감이 많이 떨어져요. 그러니까 어떤 특정한 상황에서 뭔가 잘할 수 있다는 생각 이런 것들이 굉장히 부족해서 저는 이제, 어떤 전체 프로그램 중에서 작은 성공을 경험하는 어떤 것들을 중간중간에 넣어요. 그러니까 뭔가 한꺼번에 나중에 결과가 나오는 게 아니라 중간중간 뭔가 자기가 해냈다, 뭔가 하나 이렇게 뭔가 발견했다, 이런 것들을 프로그램에 이렇게 넣으면 그런 것들이 계속 나머지 것들을 열심히 참여하는 그런 것들을 이뤄가지 않는가. (참여자 6)

두 번째로, 전문가들은 국내에서 개발되고 사용되고 있는 다양한 진로 관련한 검사의 제한점을 고려할 필요가 있다고 하였다. 이들은 북한이탈주민 대상으로 개발되고 타당화된 검사가 아니기 때문에 그대로 적용해서 해석하기에는 무리가 있고, 언어적 장벽이 있는 북한배경 청소년들은 검사지의 내용을 충분히 이해하고 응답하기가 어려울 수 있다. 이에 북한이탈주민이 응답할 수 있는 타당한 검사지 개발의 필요성을 강조하며 타당하지 않은 검사지의 사용을 지양할 것을 제언하였다.

〈부정확한 도구를 통한 진단의 지양과 적절한 검사의 개발〉

> 특히 북한에서 들어온 지 얼마 안 되는 학생들이 이런 진로 검사지를 보면 제대로 반응하기 어려워요. 그 말뜻을 이해하지도 못하고요. 그런데 이런 것을 부정확한 어떤 내용에 의해서 진단된 도구를 가지고 그 친구의 진로를 살펴보는 것은 한계가 있다는 거죠…. 그런 진로 관련된 검사지를 북한이탈주민이 실제 제대로 응답할 수 있도록 응답 오류가 적게 만들어질 수 있도록 하는 그런 것들도 조금 선행되어 줘야 되겠다고 제가 생각하는 거예요. (참여자 6)

마지막으로, 참여자들은 다년간 북한배경 청소년 진로 프로그램의 운영 경험을 통해 프로그램을 단회성으로 진행하는 것이 아닌, 지속적으로 진로 설계를 지원할 수 있는 종단적인 프로그램 개발의 필요성을 강조하였다. 예컨대, 같은 청소년들에게 매년 1번씩 진행하며 1년간의 성장 과정을 함께 살펴보고 앞으로의 과제를 논의하는 등의 방식이 유용할 수 있다. 또한, 프로그램의 효과성도 종단적으로 연구하여 보완해 나갈 것을 제언하였다.

〈종단적 프로그램의 개발〉

> 진로 프로그램만 딱 하면 어떤 생명력이 약할 것 같아요. 이 이후에 진로를 설계해 놨는데 설계를 도와주는 프로그램이 많은데 실제적으로 그걸 이루어가는 과정을 지속적으로 종단적으로 연구하는 프로그램은 별로 존재하지 않아요. 그래서 이번 프로그램에서 이런 것들 하고 난 다음에 그 진짜 그 진로를 설정한 대로 가는지 그다음에 진로를 이루어가는 데 필요한 지원을 어느 정도 하는 그런 것들이 같이 연계되는 그러한 것까지 미리 연구됐으면 좋지 않을까. 그래서 어떤 종단적인 프로그램을 설계하면 훨씬 더. (참여자 6)

북한배경 청소년들이 진로 발달에서 겪는 어려움을 고려하여 이들의 발달을 돕기 위한 제언은 다음과 같이 정리할 수 있다. 첫째, 진로 및 심리 서비스를 제공할 때 북한배경 청소년 고유한 특징을 고려할 필요가 있다. 우선 현재 북한배경 청소년은 북한에서 직접 들어온 경우를 포함하여 남한에서 출생한 탈북 가정의 자녀, 혹은 중국과 같은 제3국에서 태어난 후 남한으로 온 청소년들까지 다양한 배경을 지니고 있다. 같은 탈북청소년이어도 출생국, 제3국에서의 체류 기간, 남한 정착 기간에 따라서 상이한 특징을 지닐 수 있기 때문에 지원 방안을 모색하는 단계에서 이에 대한 이해가 필요하다. 또한, 북한배경 청소년은 집단 활동 학습이나 과정 중심의 학습 경험의 어려움이 있을 수 있다. 북한의 교육 환경은 제한적이고 일방적인 전달식의 분위기인 경우가 많기 때문에 자유롭게 자신의 의사를 표현하고 참여하는 활동에 익숙하지 않을 수 있다 (신두철 외, 2016). 이에 리더와 참여원의 공동운영과 같이 참여자들의 능동성을 끌어내고 팀워크를 향상시킬 수 있는 활동의 중요성이 강조된다. 마지막으로 북한배경 청소년의 경우 남한 청소년들에 비해 직업 정보에 대해 접근성도 낮고 비슷한 배경의 롤 모델도 부재하다. 다양한 직업의 종류에는 무엇이 있고 무엇을 준비해야 하는지에 대해 알지 못하는 청소년들이 다수이며 지원을 제공하는 입장인 북한배경 청소년의 부모 역시 남한의 교육환경 및 사회 환경에 대한 정보가 부족하여 지도에 어려움을 겪을 수 있다. 따라서 북한배경 청소년들 대상 진로 프로그램을 설계할 때 그들의 보호자에게도 다양한 진로 정보를 제공할 필요가 있다.

둘째, 북한배경 청소년 대상 진로 및 심리 프로그램을 홍보하고 참여원을 모집하는 과정에서 다음과 같은 사항들을 고려해야 한다. 북한배경 청소년들의 배경이 다양하기 때문에, 운영하고자 하는 집단의 목표와 성격을 분명히 할 필요가 있다. 또한 대상을 세부 집단으로 나누어서 출생 국가, 입국 시기 등에 따라서 필요한 진로 지원을 맞춤식으로 제공하는 것이 바람직할 것이다. 이와 더불어, 학교 장면 등에서 활용성을 더하기 위해 북한배경 청소년만을 대상으로 하는 분리형 프로그램이 아닌 남한 청소년을 포괄하는 통합적 프로그램을 개발할 필요가 있다. 실제로 2020년 기준 87.4%의 북한배경 청소년들은 대안학교가 아닌 일반 정규학교에 재학 중(남북하나재단, 2020)이며, 남한 청소년들과 함께 어울려 지낸다. 대상을 모집할 때는 '북한'배경을 강조하지 않으며 탈북 배경을 지닌 청소년들과 남한 청소년을 함께 지원할 수 있는 프로그램을 마련하는 것이 바람직하다. 현재까지의 진로상담 프로그램은 주로 북한배경 청소년만을 대상으로 한 동질 집단 대상 프로그램이 진행되어 왔지만(박세훈, 2019) 앞으로는 북한배경 청소년과 남한 청소년이 함께 참여하고 어우러져 성장할 수 있는 통합적 프로그램을 개발하고 모집할 필요성이 있다.

셋째, 북한배경 청소년 대상 진로 및 심리 프로그램을 설계 및 구성함에 있어 세 가지 요소를 고려해야 한다. 첫번째 요소로 프로그램 내용에 새로운 직업 정보와 흥미로운 모델을 제시하고, 작은 성공 경험을 포함하는 등 다양한 자극을 포함하는 것이 필요할 수 있다. 전문가들은 청소년의 흥미를 유발하고 호기심을 자극하며 창의력을 촉진할 수 있는 다양한 매체를 활용할 필요성을 강조하였다. 실제로 정부에서 북한배경 청소년을 대상으로 하는 프로그램 중 '문화예술교육 프로그램'의 만족도 역시 높게 나타났는데(안지언, 김석호, 2015), 이처럼 책과 영화 등의 미디어를 포함한 다양한 문화 예술 매체를 통하여 사고를 확장시킬 수 있는 프로그램이 필요하다. 특히, 북한배경 청소년들의 자기효능감 증진을 위해 유사한 배경의 긍정적 롤 모델을 제공하거나 실제로 성공 경험 쌓을 수 있는 과제를 프로그램 내에 포함시킬 필요가 있다. 소수 민족인 멕시코 청소년을 대상으로 한 집단상담 모델에서 자기효능감 증진과 긍정적인 롤 모델 제공이 중요한 요인으로 제시된 바(Baca & Koss-Chioino, 1997) 있다. 북한배경 청소년들과 유사한 적응 및 동화를 경험한 동독에서 서독으로 이주한 이들이 성공적으로 적응하는 과정에서 자기효능감이 핵심적인 역할을 하였다는 연구 결과도 있었다(Jerusalem & Mittag, 1995). 북한배경 청소년들의 자기효능감 증진을 위해서는 긍정적인 롤 모델을 형성할 수 있도록 돕고 집단 내에서 작은 성공 경험을 제공하는 것이 효과적일 것이다. 두 번째로 고려할 요소는 평가적, 진단적 접근을 최대한 배제하고 참여자의 능동성이 자유롭게 발현될 수 있도록 하는 상향식 설계이다. 전문가들은 북한배경 청소년을 대상으로 타당화되지 않은 심리검사를 사용하는 것을 지양할 것을 당부하였고, 최대한 참여자들이 능동적으로 참여할 수 있는 프로그램의 설계를 강조했다. 집단 리더와 참여자가 함께 집단을 운영할 수 있도록 역할을 부여하는 공동 운영 구조 역시 유용할 수 있는데, 이처럼 최근 진로상담 분야에서도 일부 특권층을 바탕으로 만들어진 이론의 한계를 지적하며 참여자들이 직접 목소리를 내고 자신만의 이야기를 구성할 수 있도록 해야 한다는 점이 강조되고 있다(Abkhezr et al., 2018). 특히 사회 내 소수 집단에 해당되는 북한배경 청소년을 대상으로 진로 지원을 제공할 때 더욱이 참여원의 주도성을 강화하는 것이 중요한 목표가 되어야 한다. 이에 참여자들의 동기를 지속적으로 관찰하며 필요한 경우 개인 면담을 진행하고, 더 나아가 개인 상담으로 연계하는 방식은 사회 정의 관점에서도 내담자의 역량 강화를 위한 실천이 될 수 있다. 북한배경 청소년 대상 진로 집단상담 프로그램 구성 및 운영에 있어 고려해야 할 마지막 요소는 북한배경 청소년들이 고유한 삶의 철학 및 세계관을 형성할 수 있도록 돕는 프로그램 설계이다. 전문가들은 프로그램을 통해 북한배경 청소년이 그리는 이상적인 미래상이 무엇인지 확인하고 북한배경 청소년의 삶의 의미와 추구하는 가치에 부합하는 선택을 내릴 수 있도록 도울 필요가 있음을 강조하였다. 한국사회 내에서 차별과 편견 등의 영향으로 북한배경 청소년들은 북한에서의 경험 혹은 북한이탈주민의 자녀라는 정체성을 긍정적으로 수용하는 것에 어려움을 느끼고, 자신의 정체성을 단절시키거나 부정하는 전략을 취하기도 한다(이용을, 2015). 한편, 다문화/사회 정의 옹호의 관점에서는 북한배경 청소년들이 과거의 경험 혹은 자신의 정체성에 대해 주관적인 의미를 재부여함으로써 자신만의 삶의 철학 및 세계관을 형성할 수 있도록 돕는 것이 중요할 것이다(Abkhezr & McMahon, 2017). 이에 프로그램의 방향성을 북한배경 청소년들만의 고유한 정체성과 삶의 철학을 바탕으로 자신에게 맞는 진로 방향을 설정할 수 있도록 설정할 필요가 있다.

3. 북한배경 청소년을 위한 실제 프로그램 예시

지금까지 살핀 북한배경 청소년의 특성과 어려움 그리고 전문가들의 제언을 토대로 구성한 프로그램 예시를 제시하고자 한다. 본 프로그램은 「북한배경 청소년 대상 온라인 생애진로설계 집단상담 프로그램 개발 및 효과」(신윤정, 지은, 윤효정, 김지선, 전주람, 2022)에 제시된 프로그램으로, 일의 심리학(PWT) 이론과 사회 정의 옹호상담을 근거로 개입 방안을 마련하였다. 프로그램을 통해 북한배경 청소년들이 괜찮은 일 획득까지의 삶의 여정에서 자신의 정체성으로 인해 겪는 영향을 비판적으로 이해할 수 있도록 돕고자 했으며, 집단을 통해 정서적 지지체계를 제공하여 진로 적응성을 향상시키고자 하였다.

회기당 120분, 총 4회기로 구성된 본 프로그램은 실제 온라인 상황에서 프로그램의 효과성을 검증하였다. 프로그램에 참여했던 청소년들은 높은 만족도를 보였고, 진로결정 자기효능감과 진로적응성의 평균이 상승하는 효과가 확인되었다. 해당 프로그램의 회기별 구성과 각 회기에 참여한 청소년들의 생생한 증언은 다음과 같다.

1) 집단상담 프로그램 1회기 – '자기이해'

1회기 내용 구성

	활동명	활동내용	활동사진
1	자기 소개	프로그램에서 자신이 이루고자 하는 목표에 맞게 별칭을 정하고, 집단구성원에게 나의 별칭의 의미를 설명함. 별칭을 짓기 어려운 경우 이름을 사용할 수 있도록 함.	
2	집단 규칙 정하기	집단 오리엔테이션 및 집단구성원들과 합의하여 프로그램 중 원활한 비대면 진행을 위해 지켜야 할 집단 규칙을 정함.	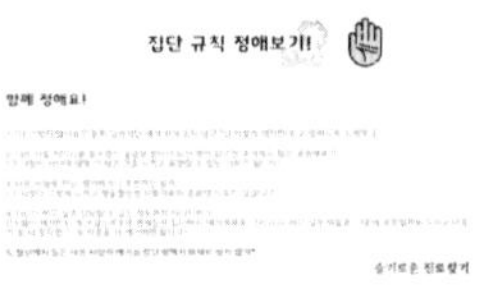
3	나를 맞춰봐!	'나를 가장 잘 표현하는 형용사', '나만의 특별함'을 익명으로 작성하여 온라인으로 제출함. 이후 어떤 집단원에 대한 소개인지 유추하고 자신을 소개하는 시간을 가짐.	
4	그때의 난~	자신의 생애에서 중요한 사건, 감정적 변화를 바탕으로 한 생애 그래프 혹은 희망 진로의 변천사 그래프 중 자신이 하고 싶은 것을 선택하여 발표할 수 있도록 함.	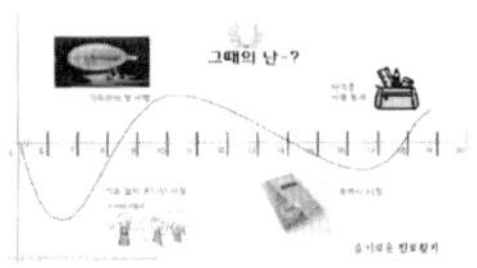

	활동명	활동내용	활동사진
5	생애 진로 무지개	생애 진로 무지개에 대해 소개하고, 학생들이 친숙하게 알 만한 연예인을 통해 생애 동안 다양한 역할 수행 및 변화가 가능함을 이해할 수 있도록 함.	
6	흥미로운 역할 모델 소개 1	다양한 직업 소개 시리즈의 첫 번째 편으로 사전인터뷰를 통해 파악한 학생들의 흥미와 관련 있는 역할모델(웹툰작가) 영상을 소개하고 관련된 진로 정보에 대해 안내함.	

1회기 참여자 소감 예시

"여러 친구들이랑 여러 가지 활동하니깐 좋았어요."

"삶의 변화 그래프를 통해 제 삶을 다시 돌아보는 계기가 된 것 같아요."

"진로를 어떤 방법으로 찾아야 되는지 생각하게 된 것 같아요."

"꿈으로 생각하고 있던 롤 모델을 보여주셔서 이런 진로가 있다는 걸 알게 되어서 기뻤어요."

2) 집단상담 프로그램 2회기
– '정체성, 가치관, 진로장벽 탐색'

2회기 내용 구성

	활동명	활동내용	활동사진
1	타인이 보는 나 vs 내가 보는 나	타인이 묘사했던 나의 모습과 내가 생각하는 나의 모습에 대해 유사점과 차이점 등에 대해 자유롭게 나눔.	 타인이 보는 나 VS 내가 보는 나
2	나의 진로선택에 영향을 끼치는 정체성 찾기	자신의 진로선택에 영향을 끼치는 정체성들에 대해 생각해 보고 해당하는 곳에 스탬프를 찍음. 자신에게 영향을 끼친다고 생각하는 이유에 대해 이야기 나눔.	
3	나에게 중요한 진로 가치관 찾기	퀴즈를 통해서 예시 속 주인공의 진로선택에 영향을 끼친 가치관이 무엇인지 맞춰보기. 나에게 중요한 3가지 가치를 찾아보고 자신의 진로에 어떤 영향을 끼치는지 나누기.	 두 사람의 진로 선택에 영향을 끼친 가치관은 무엇일까요? 경제적 독립 자아 실현
4	퀴즈를 통한 나의 직업 편견 이해하기	진로, 직업에 대한 일반적 편견에 관한 OX 퀴즈와 특정 직업에 대한 생각을 적어 봄으로써 자신이 지니고 있던 편견이 무엇인지 확인함.	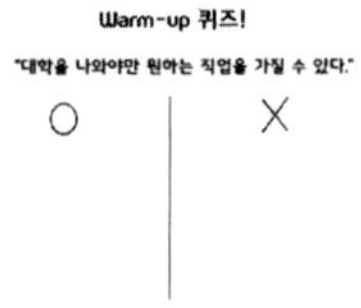 Warm-up 퀴즈! "대학을 나와야만 원하는 직업을 가질 수 있다." O X

	활동명	활동내용	활동사진
5	나에게 영향을 끼치고 있는 진로장벽 찾기	개인 내적/환경적 진로장벽을 설명한 후 자신에게 영향을 끼치고 있는 진로장벽 항목에 주석기능으로 스탬프를 찍도록 함. 스탬프가 많이 찍힌 항목부터 함께 나눔.	진로장벽이란? 이렇게 높고 딱딱한 장벽이 내 앞을 가로막고 있다고 생각했을 때 어떤 감정이 드나요?
6	진로 장벽, 너 게 섯거라!	진로장벽을 대처하는 네 가지 방법에 대해 안내하기. 자신이 괜찮은 사람이라고 느껴졌던 순간에 대해 나눔으로써 자신의 강점 및 자원을 찾을 수 있도록 함.	진로장벽에 마주하는 네가지 방법
7	진로장벽에 대처한 사례 소개	환경적 진로장벽의 완화를 위해 힘쓰는 사례(시각장애인용 점자 스마트 워치 제작 회사)와 자신의 강점을 활용한 진로장벽 대처 사례(중국어 능력을 갖춘 탈북민 헤어디자이너)를 사진과 영상을 통해 제시함.	진로장벽을 대처한 사례 헤어디자이너 황00

2회기 참여자 소감 예시

"직업 관련 생각도 많이 들고 원하는 목표에 다가가고 있어요."

"진로 장벽을 격파하는 데 도움이 된 것 같아요."

"저도 진로 장벽이 있긴 하지만, 제가 가지고 있던 생각에 확신을 더 많이 갖게 된 것 같아요."

3) 집단상담 프로그램 3회기
– '직업탐색 및 직업정보 제공' 구성내용

	활동명	활동내용	활동사진
1	진로로드맵 만들어 보기 1	진로로드맵에 대한 소개 및 SWOT 분석을 통한 나만의 전략 세우기. '진로결정' 그룹에서 한 활동으로 온라인 소회의실에서 진행 후, 강점/자원 등을 발견하도록 도움.	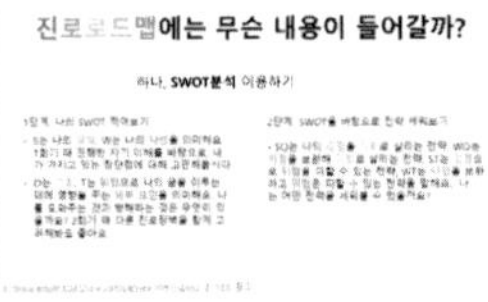
2	진로로드맵 만들어 보기 2	'직업창문' 활동을 통해 자신의 관심사 및 잘하는 일에 대해 찾아보기. '진로미결정' 그룹에서 한 활동으로 온라인 소회의실에서 진행.	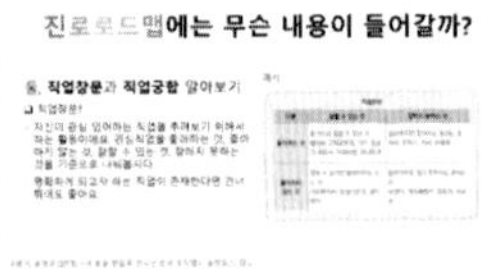
3	진로로드맵 만들어 보기 3	커리어맵 작성 방법을 구두로 소개함은 물론이고, 직접 내레이션과 함께 제작한 '커리어넷에서의 진로 검색방법 영상'을 상영하여 참여자들의 이해를 도움.	
4	원하는 직업을 가지려면	참여자가 희망한 직업들(5가지)을 예시로 들어 진로계획을 구체화하는 방법 및 구체화에 필요한 진로정보를 습득하는 방법을 안내함.	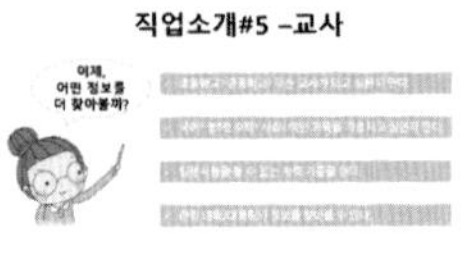

	활동명	활동내용	활동사진
5	흥미로운 역할 모델 소개 2	참여자 학생들이 선호하는 직업 및 진로와 관련이 있으며 진로장벽을 대처한 역할모델에 대해 소개함. 다음 회기와 관련하여 과제를 제시함.	

3회기 참여자 소감 예시

"직업에 대해 소개하는 부분에서 제가 잘 몰랐던 대학교 입시 정보 등 새롭게 알게 되었고, 다양한 활동을 해 봤던 게 다 마음에 들었어요."

"커리어넷 등에서 관심 있는 직업/진로 정보에 대해 검색해 볼 수 있게 된 것 많이 알게 되었어요."

"재밌기도 해서 다 만족스러웠어요."

"다양한 정보를 알게 되어서 너무 좋았어요."

4) 집단상담 프로그램 4회기
– '내가 꿈꾸는 나의 미래' 구성내용

	활동명	활동내용	활동사진
1	나만의 진로 역할모델 및 진로 로드맵 소개하기	4회기 시작 전 과제로 자신이 이루고 싶은 진로 분야에서 닮고 싶은 역할모델을 찾고 진로 목표를 이루기 위한 진로 로드맵을 작성하도록 함. 프로그램 내에 각자의 역할모델과 진로 로드맵을 발표하는 시간을 가짐. 과제 · 발표 양식 미리 제공함.	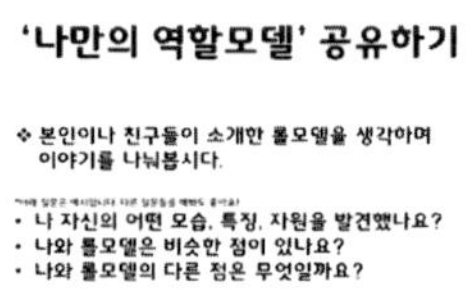 '나만의 역할모델' 공유하기 ❖ 본인이나 친구들이 소개한 롤모델을 생각하며 이야기를 나눠봅시다. • 나 자신의 어떤 모습, 특징, 자원을 발견했나요? • 나와 롤모델은 비슷한 점이 있나요? • 나와 롤모델의 다른 점은 무엇일까요?
2	서로에게 주고 싶은 메시지 전달하기	집단 프로그램 중 서로에게 들었던 생각 나누기. 칭찬 혹은 서로의 발전을 위해 해 주고 싶은 말 전하기. 채팅창 기능을 활용하여 개별 메시지를 보내고 마지막에 가장 인상 깊었던 메시지에 대해 이야기함.	 집단종결 활동
3	10년 후 내가 되어 편지 쓰기	10년 후 나의 모습을 상상해 보면서 현재의 나에게 편지 써보기. 채팅창 기능을 활용하여 리더에게만 보내도록 하고 편지는 프로그램 종료 후 우편을 통해 개별적으로 발송함.	 집단종결 활동

	활동명	활동내용	활동사진
4	이 프로그램을 마치고 나는	프로그램 종료 후 도전하고 싶은 것에 대한 자신의 다짐을 이루기 위해 예상되는 어려움 및 대처 방법에 대해 나눔.	 집단종결 활동
5	상장 수여식	프로그램에 성실히 참석한 것에 대한 상장 수여식을 하고(수료증은 우편 배송) 앞으로의 여정과 도전을 격려함.	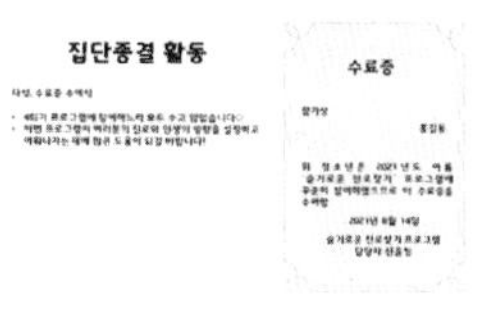 집단종결 활동 수료증

4회기 참여자 소감 예시

"진로에 대해 생각도 더 많이 하게 되었고, 생각을 하다 보니 마지막에 ○○라는 직업을 선택하게 된 것 같아서 목표 달성을 많이 하게 된 것 같아요."
"저의 정확한 꿈이랑 계획을 알게 되었어요."
"프로그램 하기 전에는 대학 졸업을 하고 나서 뭘 해야 할지 구체적으로 계획한 적이 없어서 걱정하고 있었는데 과제를 하면서 계획을 세우고 이루기 위해 노력을 더 많이 해야겠다는 생각도 들었어요."
"이전에는 내가 재능이 없나라는 생각을 많이 했는데 자신감이 좀 더 생겼고, 관심 있던 직업 안 되어도 한번 도전해 보자는 생각도 들었어요."

‖ 참고문헌

강주원. 2013.『나는 오늘도 국경을 만들고 허문다』. 글항아리.

강창구. 2012.「북한이탈주민의 정착문제와 전망-취업활성화 방안을 중심으로」.『한국민주시민교육학회보』 13(1), 3-22.

권수현 · 송영훈. 2015.「피를 나눈 형제, 이웃보다 못한 친척?: 북한이탈주민에 대한 남한주민의 사회적 거리감과 결정요인」. 2007-2014.『OUGHTOPIA』 30(2), 123-160.

김경미 · 김미영. 2013.「북한이탈 남성주민의 남한 사회에서의 적응 경험」.『한국간호과학회』 43(3), 431-441.

김미령. 2013.「북한이탈 주민들이 인지한 적응의 어려움과 극복자원이 우울성향에 미치는 영향-남성과 여성의 비교」.『정신건강과 사회복지』 20(20), 95-124.

김성경. 2016.「북한 주민의 일상과 방법으로서의 마음: 생활총화와 검열의 상황에서의 공모하는 마음」.『경제와사회』 109, 153-190.

김성연. 2017.「북한이탈 중년남성의 직업적응 경험에 대한 현상학적 연구」. 한국상담대학원대학교 석사학위논문.

김성연 · 김현주. 2019.「북한이탈 중년남성의 직업적응 경험에 대한 현상학적 연구」.『한국사회복지질적연구』 13(1), 151-175.

김성훈 · 이윤호 · 최재용. 2015.「북한이탈주민 범죄의 실태와 원인에 대한 이론적 고찰」.『통일과 평화』 7(1), 49-94.

김영기. 2018.「북한이탈주민에 대한 수용성과 친밀감의 연도별 변화와 영향 요인」.『예술인문사회 융합 멀티미디어 논문지』 8(7), 873-883.

김윤애. 2015.「북한이탈주민의 재사회화 과정에 관한 연구」. 서울대학교 사회학 석사학위논문.

김은숙. 2020.「생애과정 관점에서 본 북한 신세대 노동의식에 관한 연구」. 『담론 201』 23(1), 119-160.

김은하 · 김도연 · 박한솔 · 김수용 · 김지수. 2017. 「한국어판 정당한 세상에 대한 믿음 척도(Belief in a Just World Scale: K-BJWS)의 타당화」. 『한국심리학회지: 상담 및 심리치료』 29(3), 689-710.

김의남. 2014. 「사회적 지지와 적응유연성이 북한이탈주민의 진로장벽에 미치는 영향」. 전주대학교 진로직업상담학 석사학위논문.

김주성. 2014. 「북한이탈주민의 언어 태도에 대한 연구」. 연세대학교 국어국문학과 석사학위논문 (미간행).

김중태 · 김광웅 · 문병기. 2016. 「북한이탈주민의 직장생활적응 장애요인에 관한 연구: 남한출신 관리자와 북한출신 근로자의 상호인식을 중심으로」. 『다문화와 평화』 10(2), 29-52.

김혜경. 2012. 「진로장벽, 진로포부, 진로결정자기효능감이 고등학생의 진로태도성숙에 미치는 영향: 북한이탈청소년과 남한청소년 비교연구」. 건국대학교 교육대학원 석사학위논문.

김화순. 2011. 「남한기업의 탈북이주민 노동력 평가」. 『북한연구학회보』 15(2), 109-139.

남북하나재단. 2020. 2020 탈북청소년 실태조사.

노길수. 2020. 「북한이탈주민 정착과 남북한 사회통합 연구」. 『접경지역통일연구』 4(1), 177-201.

노은희. 2021. 「심리상담 전문가의 탈북배경청소년 상담 경험에 대한 내러티브 탐구」. 이화여자대학교 박사학위논문.

노정화 · 김현주. 2017. 「북한이탈주민의 부부관계 변화과정: 북한이탈여성의 경험을 중심으로」. 『한국가족사회복지학회 학술발표논문집』 142-144.

문진희. 2018. 「초 · 중 · 고등학생 진로집단상담 관련 연구동향 분석-최근 10년간(2008-2017) 발행된 국내 학술지 논문을 대상으로-」. 신라대학교 대학원 석사학위논문.
문희정 · 손은령. 2019.「탈북청소년의 대학생활 경험에 대한 내러티브 탐구」.『교육혁신연구』 29, 141-167.
박상옥 · 최늘샘. 2011.「북한이탈주민의 안정적 직업생활을 위한 교육요구: 인문학 교육적 접근의 필요성」.『Andragogy Today: Interdisciplinary Journal of Adult & Continuing Education (IJACE)』 14(2), 107-135.
박세훈. 2019.「탈북중학생을 위한 진로교육 프로그램 개발」. 연세대학교 박사학위논문.
박찬석. 2014.「[통일교육연구]의 분석을 통한 통일교육학적 성과 연구」.『초등도덕교육』(46), 279-307.
배영준. 2011.「북한에서의 인적자본이 북한이주민의 경제적 적응에 미치는 영향에 관한 연구」. 고려대학교 사회학 석사학위논문.
사법정책연구원. 2015. 북한이탈주민에 대한 사법적 지원 방안에 관한 연구.
신두철 · 조찬래 · 조예진. 2016.「탈북청소년 대상 민주시민교육 프로그램」.『민주화운동기념사업회 연구소 연구보고서』, 1-84.
신미녀. 2009.「남한주민과 북한이탈주민의 상호인식-한국사회정착에서 제기되는 문제를 중심으로」.『북한학연구』 5(2), 119-143.
신윤정 · 지은 · 윤효정 · 이희재 · 강유진 · 전주람. 2021.「북한배경 청소년들의 사회」,「문화 자본 관련 국내 진로상담 연구 동향 및 사회정의 옹호상담 적용방안」.『상담학연구』 22(6), 413-456.
신윤정 · 지은 · 윤효정 · 김지선 · 전주람. 2022.「북한배경 청소년 대상 온라인 생애진로설계 집단상담 프로그램 개발 및 효과」.『문화와 융합』 44(7), 473-493.
안지언 · 김석호. 2015.「북한이탈 청소년의 북한에서의 문화교육 경험과 한국 내 사회문화적 적응 간 관계에 대한 근거이론 연구」, 『국정관리연구』 10(2), 217-241.

안혜영. 2000.「북한이탈주민의 남한 사회 적응과 사회복지적 대응에 관한 연구」. 이화여자대학교 사회복지학 박사학위논문.

양문수 · 이우영. 2019.「남한주민과 북한이탈주민의 마음에 대한 비교 연구: 상호 간 및 내/외집단에 대해 가지는 인식/감정/태도를 중심으로」.『북한학연구』 15(1), 65-103.

오은경. 2018.「북한이탈주민의 직업적응과정」. 숙명여자대학교 박사학위논문.

유해숙 · 이현숙. 2014.「북한이탈주민과 남한주민의 인식 비교연구: 인천지역을 중심으로」.『인천학연구』 20, 325-365.

윤덕룡 · 강태규. 1997.「탈북자의 실업과 빈부격차에 의한 갈등 및 대책: 탈북자들의 경제문제에 관한 설문조사 결과를 중심으로」.『통일연구』 1(2), 169-220.

윤영돈. 2019.「남북한 간 사회문화적 통합을 위한 내러티브 접근 방안」.『윤리연구』 1(124), 269-285.

윤인진. 2005.「남북한 사회통합의 조건과 전망」.『정책과학연구』 15(1), 99-144.

윤인진 · 송영호. 2013.「북한이주민에 대한 남한주민의 민족의식과 다문화의식」.『재외한인연구』(30), 7-40.

윤인진 · 채정민. 2010.『북한이탈주민과 남한주민의 상호인식: 정체성과 사회문화적 적응을 중심으로』. 서울: 북한이탈주민지원재단.

윤철기 · 양문수. 2013.「북한 연구의 미시적 접근과 남북 접촉지대 연구: 마음체계 통합 연구를 위한 시론」.『현대북한연구』 16(2), 251-280.

윤혜순. 2014.「탈북청소년 연구동향과 과제」.『청소년학연구』 21(11),

125-149.
이기춘 · 이기영 · 이은영 · 이순형 · 김대년 · 박영숙 · 박미영. 2000. 「남북한 생활문화의 이질화와 통합 (V)-사회통합 후 북한이주민의 생활적응지원방안」. 『대한가정학회지』 38(5), 55-78.
이수정 · 양계민. 2013. 「북한출신주민과의 지역사회 내 접촉수준에 따른 남한출신주민의 태도의 차이: 인천 논현동 지역 거주자를 중심으로」. 『북한연구학회보』 17(1), 395-421.
이용을. 2015. 「탈북청소년의 자아정체감 형성과정에 관한 연구」. 『공공사회연구』 5(4), 107-131.
이우영 · 황규진. 2008. 「북한의 생활총화 형성과정 연구」. 『북한연구학회보』 12(1), 121-145.
이종은. 2003. 「북한이탈주민의 직장생활 유지경험에 관한 연구」. 이화여자대학교 사회복지대학원 석사학위논문.
이진석. 2020. 「북한이탈주민의 취업지원제도 개선에 관한 연구」. 『통일전략』 20(3), 117-157.
이철우. 2013. 「북한이탈중년남성의 사회적 자본 형성에 관한 연구」. 북한대학원대학교 박사학위논문.
전주람 · 신윤정. 2018. 「남한 출신 복지관련 종사자는 탈북 동료를 어떻게 바라보는가?」. 『한국사회복지질적연구』 12(2), 39-67.
전주람 · 신윤정. 2019. 「북한이주민들의 남한사회에서 직장 유지경험에 대한 질적사례연구」. 『통일과 평화』 11(2), 351-397.
전주람 · 신윤정. 2020. 「북한이주민과 근무하는 남한사람들의 직장생활 경험에 관한 혼합연구」. 『통일인문학』 83, 121-166.
전주람 · 신윤정. 2022. 「50-60 대 북한이주남성들의 일경험에 관한 질적사례연구: 일의 심리학 이론을 중심으로」. 『통일과 평화』 14(1), 195-240.

정병호 · 전우택 · 정진경. 2006.『웰컴 투 코리아: 북조선 사람들의 남한살이』. 한양대학교출판부.

정향진. 2005.「탈북 청소년들의 감정성과 남북한의 문화심리적 차이」. 서울대학교 비교문화연구소『비교문화연구』11(1), 81-111.

정혜경 · 탁진국. 2018.「직무 스트레스 대처 척도 개발 및 타당화: ACT 개념을 토대로」.『한국심리학회지: 건강』23(2), 427-446.

조정아 · 임순희 · 정진경. 2006.「새터민의 문화갈등과 문화적 통합방안」.『한국여성정책연구원 연구보고서』2006(13), 277-289.

지은 · 신윤정 · 김지선 · 최서정. 2021.「탈북청소년을 위한 진로상담 프로그램 동향 및 질적지표 분석」.『통일인문학』86, 325-358.

채창균 · 최지희 · 김안국 · 오호영 · 옥준필. 2005.『청년층의 노동시장 이행과 인적자원개발(I)』.

최영아 · 이주용 · 김정규. 2009.「남성북한이탈주민의 초기 심리적 적응 수준에 영향을 미치는 요인 연구」.『통일정책연구』18(2), 215-248.

탁진국 · 서형준 · 김혜선 · 남동엽 · 정희정 · 권누리 · 정일진. 2015.「일의 의미 척도개발 및 타당화」.『한국심리학회지: 산업 및 조직』28(3), 437-456.

탁진국 · 서형준 · 원용재 · 심현주. 2017.「일의 의미 척도 구성타당도 검증: 직장인을 중심으로」.『한국심리학회지: 산업 및 조직』30(3), 357-372.

통일부. 2018. http://www.unikorea.go.kr.

한국노동연구원. 2009. 2009년 근로자 직업 · 근로의식 설문조사표 개발연구.

한명숙. 2011.「사회적 지지가 스트레스와 수행에 미치는 영향: 사회적 지지의 완충효과 가설을 중심으로」. 한양대학교 교육학 석사학위논문.
허선행 · 임강택 · 서윤환. 2010.「2010 북한이탈주민 경제활동 실태」. 『연구총서』 2010, 1-109.
황매향 · 선혜연. 2013.「취약청소년 진로발달 연구 동향」. 『상담학연구』 14(6), 3517-3536.
황선희. 2014.「다문화태도와 사회복지효능감이 옹호활동 수행에 미치는 영향」. 서강대학교 공공정책대학원 석사학위논문 (미간행).
Abkhezr, P., & McMahon, M. 2017. Narrative career counselling for people with refugee backgrounds, International Journal for the Advancement of Counselling, 39(2), 99-111.
Abkhezr, P., McMahon, M., Glasheen, K., & Campbell, M. 2018. Finding voice through narrative storytelling: An exploration of the career development of young African females with refugee backgrounds, Journal of Vocational Behavior, 105, 17-30.
Baca, L. M., & Koss-Chioino, J. D. 1997. Development of a culturally responsive group counseling model for Mexican American adolescents, Journal of Multicultural Counseling and Development, 25(2), 130-141.
Cook, S. W. 1978. Interpersonal and attitudinal outcomes in cooperating interracial groups. Journal of Research & Development in Education.
Douglass, R. P., Velez, B. L., Conlin, S. E., Duffy, R. D., & England, J. W. 2017. Examining the psychology of working theory: Decent work among sexual minorities.Journal of Counseling Psychology, 64(5), 550.

Duffy, R. D., Blustein, D. L., Diemer, M. A., & Autin, K. L. 2016. The psychology of working theory. Journal of counseling psychology, 63(2), 127.

Holland, J. L. 1959. A theory of vocational choice. Journal of counseling psychology, 6(1), 35.

Lent, R. W., Miller, M. J., Smith, P. E., Watford, B. A., Hui, K., & Lim, R. H. 2015. Social cognitive model of adjustment to engineering majors: Longitudinal test across gender and race/ethnicity. Journal of Vocational Behavior, 86, 77-85.

Michel Maffesoli. 2016. 『일상생활의 사회학』(박재환 역). 한울아카데미. (Original work published 1979).

Navarro, R. L., Flores, L. Y., Lee, H. S., & Gonzalez, R. 2014. Testing a longitudinal social cognitive model of intended persistence with engineering students across gender and race/ethnicity.Journal of Vocational Behavior, 85(1), 146-155.

Seidman, I. 2006. Interviewing as qualitative research: A guide for researchers in education and the social sciences. Teachers college press.

Shin, Y-J., Yoon, H-J., Kang, Y., Choi, A. J., Konuk, A. I., Jun, J., & Ji, E. 2023. Understanding career-desinging experiences of North Korean immigrant youths in South Korea. International Journal for Educational and Vocational Guidance, https://doi.org/10.1007/s10775-023-09615-w

제3부

종합논의 및 제언

○

제1장 북한이주민을 위한 진로 준비와 개발, 직장 유지를 위한 제언

성인이 되어 한국에 들어온 다수의 북한이주민들의 경우, 북한에서 종사해 왔던 업종이나 직업과는 전혀 다른 일이나 직업을 갖게 되는 경우가 빈번하여 진로 준비와 개발에서 어려움을 경험한다. 따라서, 북한이주민이 취업하기를 희망하는 여러 직장의 특성을 파악하고 개인이 과거에 가지고 있는 인적자본 활용 가능성과 희망하는 직업이나 일을 얻기 위해서 남한에서 추가로 획득해야 하는 인적자본 관련 정보를 제공할 뿐만 아니라 그 과정을 조력해 주는 것이 필요하다. 실제로 북한에서 전문직, 관리직 혹은 기술직에 종사해 왔던 사람들의 경우, 남한에 와서는 대부분 개인 서비스직이나 생산직에 종사하게 되는데 이는 북한에서 취득한 학력이나 직업 경험이 대한민국의 노동시장에서 인정받지 못하는 경우가 대부분이기 때문으로 보인다. 따라서, 자신이 지금까지 쌓아온 지식이나 역량이 활용되지 못하는 상황에 대한 무력감이나 이로 인한 좌절감, 그리고 남한에서 통용되는 방식의 자격증 취득이나, 영어 등 외국어 능력 및 컴퓨터 활용 능력 등 새로운 역량을 발전시켜야 하는 부담감, 북한에 두고 온 가족에 대한 그리움과 남한에서 새로 꾸린 가족들을 제대로 부양하지 못한다는 미안함, 그리고 경제적인 제약으로 인해서 실제로 이러한 교육이나 재학습을 할 시간이 부족하다는 현실적인 어려움 등에 대해서 이들의 정착을 지원해 주는 다양한 기관의 실무자(신변보호 담당관 혹은 하나재단 심리상담사 등)들이 밀착 관리를 통해 공감해 주고, 타당화해 주며 지원 사회의 다양한 자원들이나 제도를 적극 연계해 주고 지지해 줄 필요가 있다. 가능하다면, 이들의 일이나 경력 관리를 조력하는 직업상담사를 따로 매치해서 운영해 보는 방안도 고려해 봄 직하다.

특히, 성격이나 성향에 대한 이해, 또한 진로 선택을 자신의 흥미나 관심사에 따라 해 본 적이 없는 북한의 노동 및 직업 현장에 익숙한 상태의 성인 북한이주민의 경우, 내가 할 수 있는 일이나 직업을 내가 선택을 할 수도 있지만, 그 선택에 수반하는 다양한 정보수집, 교육과정, 그 외의 다양한 단계의 진로결정 과정에 대한 책임도 온전히 자신이 져야 하는 상황에 압도될 가능성이 높다. 즉 자신의 흥미나 적성을 탐색해 볼 수 있는 다양한 교과 및 비교과 활동을 의무교육을 받는 시기부터 경험해 보고, 좋아하는 일과 잘하는 일 사이의 갈등도 경험해 보고, 그에 맞는 교육과정 등을 선택해 보는 일련의 탐색 시기를 경험해 보지 못한 북한이주민들의 특성을 고려할 때, 자신의 흥미나 적성을 탐색하고 파악할 수 있는 양질의 시간과 직간접적인 경험을 해 볼 수 있는 기회를 제공할 필요가 있다. 일례로, 지역사회 평생교육 기관이나 단체와 협업하여 다양한 분야의 일들을 간접 체험할 수 있는 기회를 제공하고, 이와 더불어 이들에게 맞는 진로검사를 활용한 직업 혹은 생애개발 진로상담을 병행할 필요가 있다. 실제 국내에 이러한 진로탐색을 위한 많은 자료들이 있는 커리어넷과 같은 플랫폼을 비롯하여 다양한 프로그램들이 존재하나 주로 아동, 청소년이나 대학생 정도의 초기 성인기의 눈높이에 맞게 제공되는 측면이 있다. 비록 연령대는 매우 다양하지만 성인 북한이주민들 또한 남한에서는 새롭게 진로 탐색을 해야 하는 대상자들임을 고려할 때, 국내의 청소년이나 초기 성인기 대학생들의 진로결정 과정을 조력하기 위해 개발된 풍부한 콘텐츠나 체험활동 시설을 적극 활용하되, 성인들임을 고려하여 자칫 내용이 유치하거나 발달 단계에 맞지 않는다는 느낌이 들지 않도록 수정 보완하여 활용해 볼 수 있을 것이다. 향후에는 북한이주민을 포함 국내의 다양한 이주 배경 성인들이 일회성이 아닌 지속적으로 필요한 업무 수행이나 역량 개발 관련 정보나 진로 관련 심리검사를 해 볼 수 있는 플랫폼을 운영하고, 이들의 특성이나 선호에 맞춘 다양한 진로나 일을 소개하는 영상이나 일 학습 관련 콘텐츠 및 참여형 일 체험 프로그램들을 추가 개발 및 보급할 필요가 있다.

이와 더불어, 남한에서 직장 생활을 하는 북한이주민들의 대다수가 어떤 일을 하든 기대 이하로 수입이 적고, 고용 형태가 불안정하며, 북한과 상이한 교육과정 및 직업훈련 체계로 인해 대한민국에서 동일한 업무를 하더라도 해당 직군이나 직무에서 요구하는 역량을 갖추지 못하여 승진이나 임금 인상 등의 보상체계에서 배제될 가능성이 높아 일을 통해 만족을 경험하지 못할 가능성이 높다. 일에 대한 만족은 삶에 대한 만족에도 이어지며, 북한이주민들의 정신 및 신체적인 건강에도 영향을 미칠 수 있다. 실제로 일에 대한 만족이 적을수록 도박이나 알코올 중독 혹은 그 외의 부적응적인 행동이나 정신건강상의 어려움을 경험하면서 더더욱 사회에서 적응하지 못하고 소외될 가능성이 높다. 따라서, 북한이주민들이 남한에서 직장 생활을 하면서 공통적으로 호소하는 이러한 어려움들을 미리 예방할 수 있도록 이들을 위한 일-학습 병행제 등을 적극 추진 및 지원해 줌으로써 남한의 직장 사회를 경험하면서 자립할 수 있는 경제활동을 해 나가면서 동시에 일에서의 숙련도를 높일 수 있는 교육을 함께 받는 등 일경험과 지속적인 재교육과 평생교육의 기회를 병렬적으로 제공해 줄 필요가 있다.

마지막으로 북한이주민들이 지속적으로 직업이나 일을 유지하는 데 영향을 미치는 직업에 대한 만족도를 높이기 위해서는 무엇보다도 편견이나 차별이 없고 다양한 문화를 존중해 주는 직장 문화와 사회적인 분위기 형성이 중요하다. 남한과 북한의 매우 상이한 언어 사용, 생활 방식과 교육 방식, 직장 내 대인관계 방식 등에 대해서 남한 출신의 직장 동료들의 이해와 지식, 그리고 존중하는 태도와 행동 및 이러한 존중하는 사내 문화 형성을 독려하며, 이러한 문화 확산에 실제적으로 기여할 수 있는 사내 지침이나 제도 수립 및 이행이 이들의 직업 교육 훈련 관련한 교육이나 정책만큼 중요하다. 실제 남한사회는 북한이주민들이 성인기까지 살아온 북한사회와 매우 이질적인 사회이기에, 북한이주민들이 남한사회에 적응하기 위해서는 상당히 높은 수준의 불확실성이나 좌절에 대한 인내력 혹은 끈기, 그리고 예상치 못한 어려움에도 대처하는 회복탄력성을 필요로 한다. 즉, 안정적인 내적인 자신에 대한 믿음과 긍정적인 적응 역량들을 갖출수록 지속적으로 새로운 일경험을 두려워하지 않고 문화 적응과 동시에 진로 발달 과정을 해 나갈 수 있다. 따라서, 이들이 자발적인 참여와 지속적으로 일경험을 해 나가고 싶다는 동기를 부여해 주기 위해서는 북한이주민들에게 이들이 같은 사회의 구성원으로서 지지받고 인정받고 있으며, 출신에 대한 미묘한 차별이 없으며, 도움을 요청할 수 있다는 믿음을 줄 수 있는 사회적, 심리적 안전망으로서 직장이 기능을 하고 그 안의 구성원들이 모두 함께 문화적 다양성과 다름을 존중하는 사내 문화를 조성해 나갈 필요가 있다.

제2장 남북인이 조화롭게 근무할 수 있는 직장 환경 가이드라인

이 장에서는 본론에서 언급한 연구 사례들을 근거로 남북인이 보다 조화롭게 근무할 수 있는 직장 환경을 위한 몇몇 가이드라인을 제안하고자 한다.

1. 북한이주민과 근무하는 남한 동료를 위한 가이드라인

우선 북한이주민과 근무하는 남한 동료을 위한 가이드라인으로 네 가지를 제시하고자 한다. 필자들은 그간의 연구와 현장 인터뷰 경험을 바탕으로 '윗동네 사람'을 각자 개성을 지닌 자로 존중하고, 사내 보고체계와 조직문화 전반에 관해 멘토로서 가이드하며, '윗동네 사람'들은 누구인가, 어떻게 살아왔는지 아는 일이 매우 중요하다고 생각한다. 그리고 고유한 직업능력 확보를 위한 시스템 마련이 보다 체계적이고 전문적이어야 할 것이다.

1) 존중: '윗동네 사람'을 각자 개성을 지닌 자로 존중

남한에서 맥줏집을 운영하다 문을 닫은 최여울(가명) 씨는 다시 호프집을 열면 북한 사람이라고 말하지 않겠다고 했다. 그녀는 북한에서 금장사를 했고 동네에서 알아줄 정도로 부유했었다. 집에 앉아 돈을 세는 일이 일상이었다고 했다. 하지만 한국에 와보니 자신이 아는 것도 별로 없고 자신을 열등하게 보는 남한출신 사람들의 시선때문에 때문에 존재감이 매우 낮아졌다.

북한 사람이라고 괜히 말했지

이제 다시 술집을 한다면 북한이란 말을 하지 않고 하려고 해요. 물론 북한이라는 관심이 있어서 진짜 사람들이 그 뭔가 팁도 주고 뭐 그런 것도 있어요. 근데 사실 그 자체가 뭔가 다 싫더라는 거지. 여기 와보니까 북한이라는 그 이미지가 안 좋잖아요. 그 이미지로 보는 거예요, 나를. 어쨌든 관심을 받는 건 좋을 수도 있지만 그 관심을 받는 뒤끝이 안 좋을 수도 있거든…. 무슨 대화를 하잖아요. 대화를 하는데 대화가 안 돼. 그러면 사람들이 뭘 아는 게 있냐 그래. 북한은 차단시키잖아요. 이 세계 보게 다 열지 않잖아요. 그냥 우리는 닫힌 곳에서 살다 보니까 못 보고 못 배운 거도 있지. 근데 여기 사람들 정치 경제 문화 다 알잖아요. 그러니까 대화하려고 하면 뭔가 대화가 안 되거든요. 내 자체가 대화가 안 돼서 못 하더라고. 그러면 사람들은 아, 진짜 모르느냐고 그러지. 진짜 북한이 이렇구나 하고. 그때마다 싫거든요. 따지고 보면 뭐 내 잘못이 아니잖아요. 내가 북한 사람이기 때문에 할 수 없는 거고 그런데, 그러니까 어쨌든 이미지가 나빠질 수밖에 없지 않나 싶어요. 여기 사람들은 북한 사람들이 아마도 뭐든 떨어졌다는 생각을 할 수밖에 없는 거죠. (50대, 여)

존재감 없는… 타인과의 교류 속에서 존재감 필요

북한에서 밖에 나가면 누구든지 나를 알잖아요. 어떤 사람은 나를 긍정해주고 어떤 사람은 나쁜 놈이라고 하고. 아무튼 날 좋은 사람이라고 인정해주는 사람이 있잖아요. 근데 여기 와보니까 존재감이 없어요. 나라는 존재감이 바닥이잖아요. 그러니까 내 삶에 의미가 없지. 그냥 내가 먹고사는 데 충족을 하고 그냥 나 혼자 향락을 느끼고. 그것도 중요하겠지. 그치만 나라는 존재감을 지킬

때 사는 의미가 있지. 어떤 사회적 무리에 들어가 가지고 인정을 받을 때 아니면 무엇이든 나라는 존재를 인정받을 때. 그때가 가장 행복할 거 같아요. 돈도 돈이지만… 내가 나중에 한번 진짜로 돈이 많다 하면 그러면 돈이 많아서 어디가 후원을 하든가 뭐 좋은 일이라도 해서라도 뭔가 나로서의 뭔가를 찾거나 뭔가를 찾아야만 삶의 의미를 느낄 거 같다는 생각이 들어요. 돈을 일차적으로 벌고. 그래야 나라는 생동감을 찾을 수 있을 거 같다는 생각이 들어요. (50대, 여)

또한 탈북민으로 파주에서 고등학교 3학년을 보내고 있는 여학생도 남한출신 친구들의 업신여기는 태도에 불편감을 드러내며 평등한 관계의 중요성을 강조하였다. 그리고 언어와 관련하여 북한 말투도 부산 사투리처럼 인정해 주었으면 하는 바람이 담긴 한 탈북남성도 만나보았다.

아니꼽게 보는 친구들

"북한에서 왔대, 와! 조금 아니꼽게 보는 애들도 있기는 한데 솔직히 사람이 만인의 사랑을 다 받고 살지는 않잖아요…. 얘들이 '아, 쟤 북한에서 왔대' 되게 신기하게 보는 거 그게 뭐 에피소드죠. '야, 북한 어때?' 막, 막 그때 너무 업신여기는 그런 거 있잖아요. 그게 사람 뭐 없다고 했는지 모르겠는데, '뭐 TV 보니까 막 그렇다고 하던데 맞아?' (고3, 여)

경상도 사투리, 부산 사투리, 평양 사투리, 혜산 사투리

언어 차이도, 여기 뭐 까놓고 말하면 여기 뭐 부산 사투리, 경상도 사투리, 충청도 사투리 쓰고, 우리도 그런 문화거든요, 어찌 보면. 평양은 표준어 쓰니까 평양은 표준어라고 생각하고, 그 지방이 있잖아요. 우리도 뭐 부산 있고, 대구, 충청도 말은 또 틀리고, 뭐 경기도 서울 말도 틀린 것처럼 우리도 그런 사투리인데? 여기 우리 대한민국 사람들은 그렇게 받아들여야 되는데, 그거를 뭐 이방인 취급하듯이 그렇게 받아들이고 그렇게 생각을 하고 있는 사람들이 많으니

까. 그래서 이제 자꾸 싸우고 그런 일이 생기는가 봐요. (20대, 남, 공무원)

2부에서 살펴봤던 전주람과 신윤정(2019) 연구에서도 잘 드러났듯이, 복지 분야에 몸담고 있는 사회복지사들마저 그들을 자신들과는 다른 낯선 존재, 혼자 기능하지 못하는 존재이자, 남한 직장문화에 대한 학습이 필요한 자로 인식하고 있었다. 분단 기간 동안 단절된 교류로 인한 문화적 간극의 장벽은 우리가 외치는 사회문화 통합이라는 이상을 이루기 꽤 오랜 시일이 걸려 보인다. 특히 북한 사람을 향한 불필요한 연민과 동정은 그들이 미래를 설계하고 성장하는 데 걸림돌이 된다.

이를 위해 북한이주민들을 둘러싼 상황적인 문제들을 사회맥락을 고려하여 존중하는 것이 필요하다. 그들이 어린 시절 거주했던 북한의 배경과 성장배경을 알며 단순히 고정된 부정적 시각으로 차별 행동을 하기보다는 북한 동료의 긍정적인 면들도 함께 헤아려볼 필요가 있다. 이러한 의식적인 노력은 북한 동료에 대한 고정관념을 완화하는 데 도움이 될 것이다. 아울러 개인적 노력뿐만 아니라 일에 있어 공동의 목표를 위해 함께 협력하고 지지해 주는 직장 분위기 조성도 매우 중요할 것이다.

이를 위해 남한 사람들은 전주람과 신윤정(2020)의 〈북한이주민과 근무하는 남한 사람들의 직장 생활 경험에 관한 혼합연구〉 연구에서 밝혀진 바와 같이, 북한이주민과 근무하는 남한 동료들이 자신의 일세계에서 의미를 부여하고 북한 동료와의 사회관계 및 자신의 자아실현을 이루어가는 데 무엇보다 북한이주민들을 긍정적으로 대하는 태도가 매우 중요하다.

2) 가이드: 사내 보고체계와 조직문화 전반에 관해 멘토

몸에 안 맞는 옷을 입은 듯…

문화는 얘기했죠, 그죠. 난 문화적으로. 여기서 오랫동안 산 사람들은 그게 익숙할지 모르겠지만, 우리는 아, 그냥 혼란스러웠다가 억지로 적응하려니까. 어떻게 보면 좀 과도한지 모르겠지만 몸에 안 맞는 옷을 입은 듯한? 그렇다고 할까. 좀 과도한 표현인 거 같지만, 좀 그런 거 같아요…. 근데 2년 7개월이면 참 이렇게 편해질 만도 한데…. (40대, 여성, 현재 ○○시청 근무)

위 사례와 같이, 남한출신 동료와 일하는 한 탈북여성은 한국의 한 복지관에서 근무하며 몸에 안 맞는 듯한 옷을 입었다고 비유하였다. 즉 한국 문화는 한국 사람들에게 익숙하지만 처음 탈북한 초년생 북한이주민들에게는 낯설다는 말이다. 언어와 말투의 차이에서 소외감을 느끼고, 공문 작성과 결제방식, 혼자 밥을 먹어야 하는 일 등 그녀에게는 생소하게 경험되었다.

전주람과 신윤정(2020)의 연구에 따르면, 북한이주민과 근무하는 남한 동료들은 관계상 평등하지 못한 강자로 위치하며 여전히 사적인 영역으로 그들을 초대하지는 않았지만, 직장에서만큼은 북한 동료에게 공문 작성과 수정작업을 도와주거나, 남북인 간 갈등이 발생할 때 소외되고 불명확한 이유로 질책당하는 북한 동료의 방패막이 되어 주기도 했다. 이러한 과정에서 근무 초기와 달리 시간이 지남에 따라 북한 동료들은 전문적인 역량을 갖추어갔고 자신의 존재감을 확인하는 등 자아 성장과 안정적인 사회관계망을 구축하며 일의 의미를 찾아 나갈 수 있었다.

따라서 북한이주민과 함께 근무하는 남한 출생 동료들은 그들이 사내 보고체계와 조직문화에 균형 있게 잘 정착하고 성장해 나갈 수 있도록 가이드해 줄 필요가 있다. 구체적으로 인격적이고 친절한 태도를 갖고 그들을 긍정적으로 대하며 그들이 모르는 것을 묻거나 어떻게 해야 할지에 관해 의견을 구할 때 그들이 다른 문화권에서 왔음을 인지하며 그들이 보다 성장하고 배워 나갈 수 있도록 가이드해 주는 일이 필요하다.

'커뮤니케이션?'

외래어가 어렵죠. 뭐 웬만한 카페라든가 식당도 다 이렇게 외래어로 사용하잖아요. 커뮤니케이션 그런 건 뭐, 상호 간에 뭐 말한다는 거잖아요. 그런 거 처음에는 몰랐어요. 근데 몇 년 자연스럽게 있다 보니까 자연히 알게 되었어요. (20대, 남, 공무원)

위 공무원은 자신이 모르는 외래어가 나올 때 잘 알려준 남한 출생 선배님 덕분에 잘 적응할 수 있었다고 증언하였다.

3) (북한사회와 사람에 대해) 알기: '윗동네 사람'들은 누구인가, 어떻게 살아왔는가

배나무 일. (정해 주는 대로) 그냥 했죠

그냥 해야 되니까 했죠, 재밌긴 재밌었던 것 같아요. 봄이면 꽃이 피고, 여름이면 꽃이 지게 되면 배가 달리고 하나하나 푸르게 재밌긴 재밌더라고요…. 아주 춥죠, 여기는 날씨도 아니죠, 아주 두꺼운 동복 입고, 옛날 몽골에서나 신을 수 있는 두꺼운 거 신고… 한 영하 20도? 여기 영하 14도만 돼도 베란다 세탁기 언다고 날리잖아요, 여기는 1월이 제일 춥죠. 겨울이 제일 추운데, 아무래도 1월이 제일 추운데 어떤 때는 영하 20도 아래로 내려갔던 것 같아요. 어느 날에는 어느 기업에서 와 가지고 오면 구역을 지정해 줘요. 배 밭이라는 게 자그만 밭이 아니라 엄청 크거든요, 엄청 크니까 너희는 언제 몇 월 며칠 몇 시부터 몇 시까지 또는 하루 이틀 이렇게 정해 줘요. 그러면 거기서 사회공원이 오는 거죠. 자기네가 영수증을 떼 가지고 가져가는 거예요, 그래서 자기네가 직원들 나눠주는 거죠. 힘든 일은 아줌마 아저씨들, 오빠들이 하고, 우리는 제일 하기 쉬운 걸로 시켜요. 그러면 빠르니까 어린것들이 일은 잘 못 해도 빠르잖아요. 이것만 해라 이러는 거예요, 다 해 놓고 쓱 빠져나오고, 그래서 힘든 일을 못 해 봐서 재밌다 할까? 첫해는 힘들었어요. 울며불며 난리 쳐 막 손에 물집 잡히고, 울며불며 난리 치고 그랬죠. (40대, 여, 바리스타)

윗동네 친구들과 직장에서 즐겁게 생활하기 위해서는 한국에서 태어난 남한 출생자들이 북한사회가 어떠한지, 그들이 어떠한 일상을 보내고 왔는지에 관해 이해할 필요가 있다. 위 증언한 탈북여성이 언급하는 바와 같이, '배나무 일'은 배치되는 대로 수동적으로 투입된 일터였다. 북한에서는 남한과 달리 대부분 자신의 적성이 고려되지 않는다는 점, 가족성분이 중요하다는 점 등 북한사회 일의 배치와 관련한 체제와 문화적 특성을 이해할 필요가 있다.

그간 북한 사람들은 한국사회에서 남한의 문화를 배우고 습득해야 한다는 암묵적인 강요에 순응해 왔다. 하지만 남한에서 태어난 사람들은 70년 이상 흐른 시간을 기억하며 그들의 문화적 배경과 사회적 맥락도 이해할 필요가 있다. 이를 위해 그들을 긍정적으로 존중하는 태도하에 북한에서 어떻게 살아왔는지 질문하고 알아갈 필요가 있다. 그들을 향한 긍정적인 호기심과 관심은 그들로 하여금 궁금한 점에 관해 잘 답변해 주도록 동기부여해줄 것이다.

입남 초, 정부에서 진로교육을 받으나, 그래도 막막…

그냥 형식적인 거 같아. 뭐 솔직히 말해서 지금 그렇잖아요, 직업 찾게 되면 기본적으로 지인을 통해 찾거나 사람인이나 워크넷이나 이런 걸 보고 찾잖아요. 그러니까 우리 같은 사람들은 경력도 없고 그에 필요한 자격증도 쌓여 있는 게 없어서 일자리 같은 게 막일 같은 거죠, 균일적인 일들이 잘 없어요. 이게 만약 어떠한 일을 하고 싶다고 해도, 나 저 일 하고 싶다 해도, 면접에 합격할까 걱정부터 하죠. 괜히 냈다가 면접에서 떨어지면 얼마나 기분이 나쁘고 막 실망스럽고 그래요, 그게 먼저 걱정이 되는 거 같아요. (40대, 여성, 바리스타)

북한 거주 시 배 밭에서 일했던 여성은 한국에서 어린 유아 1명의 자녀를 키우며 파트타임 형식의 아르바이트를 한다. 그녀는 하나원에서의 교육이 조금 도움이 되나 여전히 직업을 찾는 데 한계가 있다고 회상하였다. 우리는 북한이탈주민들이 북한체제에서 자신의 진로발굴을 위한 교육체제가 남한사회와는 다르다는 사실을 인지하며, 그들이 무엇을 필요로 하는지 귀 기울일 필요가 있겠다.

4) 고유한 직업능력 확보를 위한 시스템 마련

탈북민 전용 고유한 직업능력 확보할 수 있는 시스템

능력을 일단 키워주면 좋죠. 그게 지름길이죠. 이 땅에서 살아가기 위해서. 정보는 그냥 인터넷을 때리면 정보는 많잖아요. 그럼 나는 뭘 해야 되는가. 만약에 보면 요리사를 찾는데 내 요리사 자격이 없잖아요. 나 이게 없는데 요리사를 찾아 난 하고 싶은데 능력이 안 되잖아. 근데 난 북한에서 요리한 거밖에 없어. 그러면 그 능력을 끝까지 키워서 주면 좋다는 거지. 그러니까 탈북인을 위한 전용 뭐인가 교육 시스템을 만들어 놓고 전폭적으로 능력 키워 가지고 내보내 주면 좋겠다는 거지. 그건 없잖아요. 그냥 여기도 소속해라 저기도 소속해라. 너네 할 수 있는 게 학원이 있다. 저기 있다 그러잖아요. 아니 우리는 학원 가서도 뭔가 다 다르니까 제대로 따라 못 가잖아요. 뭔가 모자라 가지고 잘 제대로 안 될 때가 많거든. 그러니까 전업으로 키워주면 좋다는 거지.

지금까지 한국 정부는 북한이주민들의 취업과 직업능력 확보를 위해 노력해왔고 많은 부분 발전을 이루어왔다. 하지만 여전히 인터뷰 증언들은 그들의 고유한 직업적 능력이 미비하게 파악되거나 세부적으로 어떻게 자격을 갖추고, 적성을 찾아가야 하는지 난감하다는 증언이 적지 않다. 따라서 우리 사회는 북한이주민들의 증언을에 귀기울여 그들의 고유한 직업능력 확보 시스템을 보다 체계적이고 전문적으로 구축해나갈 필요가 있다.

2. 남한 출생 동료들과 근무하는 북한이주민을 위한 가이드라인

여기서는 남한 동료들과 근무하는 북한이주민들을 위한 가이드라인으로 네 가지를 제시하고자 한다. 필자는 그간의 연구와 현장 인터뷰 경험을 바탕으로 4가지의 중요성을 강조하고 싶다. 일차적으로 자기 회복과 돌봄을 시작으로, 진로관련 자기 파악과 성찰을 높이고, 동시에 자기 자원과 강점을 파악하는 일이 필요하다. 그리고 타인과의 관계를 통해 북한이주민들은 남한사회의 전반적인 문화에 대한 이해가 수반되어야 할 것이다.

1) 자기 회복과 돌봄

북한이주민들은 탈북과정에서 심리적, 신체적 상해를 경험한다. 그들은 미래 설계와 준비를 위해 기초적으로 심리적 에너지의 회복과 전환이 필요한 상태일 경우가 많다. 예컨대 북한이주민들의 많은 수는 북한에서 인권의 부재를 경험하는데, 병든 사람들의 죽음을 목격하거나, 종종 공개총살의 현장을 직간접적으로 마주하는 등의 기억을 회상하곤 한다. 북한이주민들은 끔찍한 기억을 떠올리며 한국에 와서야 자신들이 얼마나 존중받지 못했던 자들이었던지에 관해 깨달아 간다.

아래 글은 한 20대 탈북여성이 가난과 굶주림으로 죽음에 이르게 된 한 이웃집 사람에 대한 이야기를 기록한 내용이다.

> 병들어 죽기보다 굶어 죽는다. 보다 굶주림을 무서워한다
> 우리 동네 간 복수를 가지고 있는 환자였다.
> 그는 동네에서 오며 가며 반갑게 내게 인사를 건넸고,
> 나도 그를 반겨 인사했었다.
> 그런데 일당을 많이 받아 좋다고 집에 가서
> 배불리 먹었다고 했다.
> 오늘 저녁, 내일 먹을 낱알이 없었다고 했다.
> 그는 다른 사람 밭에 가서 일해 주고 저녁 먹거리를 얻어 가지고 왔다. 식구들이랑 나눠 먹었다고 했다.
> 그다음 날부터 소식이 캄캄하다.
> 서너 일 지났으려나…
> 그는 며칠간 숨만 쉬고 눈을 뜨지 못했다고 했다.
> 하늘나라로 갔다.

다음은 2017년 탈북한 한 여성 청년의 사례이다. 그녀는 한국에서 대학에 입학하여 학업 중이다. 그녀의 부모님은 북한에서 금을 판매하여 경제적으로 부유한 계층이었다고 했다. 하지만 그녀

의 아버지는 어머니를 자주 폭행하는 가정폭력을 수시로 경험했고, 그녀의 외모는 특출났으므로 당국에서 학교에 오가, 육가를 뽑으러 내려오는 사람들을 기억하며 자신이 그들의 눈에 뽑혔던 사실을 다음과 같이 기억하였다. 그녀는 학교에서 수업 시간 중에 당국의 몇몇 사람들이 도착했고 불시에 점검을 받은 경험을 아래와 같이 회상했다. 누군가로부터 선택을 받고 신체검사를 당하는 사실 자체에 대한 수치심이 한국에 와서야 인식되는 듯하다.

> 북한에서는 오가 육가라고 아시죠. 뽑으러 내려오거든요. 예쁜 애들을 뽑을 거잖아요. 오가 거기 제가 합격했어요. 그러면 이어서 신체검사를 하게 되거든요. 근데 그 신체검사할 때 산부인과 검사도 해요. 거기서 불합격되면 못 가거든요. (20대 여성, 2017년 탈북)

그녀는 브로커와 탈북과정에서 연인관계였다. 10대 후반의 나이로 어린 시절 자신이 홀로 탈북하는 과정에서 공포에 질렸었으므로 브로커인 남성을 의지할 수밖에 없었다고 회상했다. 이처럼 북한이주민들은 한국에 와서야 북한사회가 비인간적이며 인권이 부재한 사회였음을 인식하였다. 특히 북한이주여성들은 남성과 달리 탈북과정에서 제3국에 불법체류자 신분으로 지내면서 감금, 폭행, 강제노동, 성폭력, 인신매매 등 각종 인권유린에 노출되는 경우가 많고, 만약 그렇지 않더라고 제3국을 거쳐 긴박한 경로를 거치므로 대부분 자신의 건강상태를 인지하고 돌보기 거의 어렵다.

〈탈북여성들이 한국에 정착하기까지의 경험 요인〉

지역	내적 요인	외적 요인
북한	가족부양 책임, 굶주림, 가난으로 인한 이산가족, 북송 후 강제수용소 경험	탈북자에 대한 엄벌, 가부장적 유교문화, 가난과 사회통제, 벗어날 수 없는 계급사회
중국	인신매매, 성매매와 성폭력, 노예 취급	불법체류자 신분, 단속과 강제송환, 노동력 착취
한국	외로움, 배타적인 태도에 대한 분노, 가족에 대한 그리움, 차별과 소외로 인한 고립감, 경제적 어려움과 무기력	언어와 문화 차이, 탈북자에 대한 무시와 편견, 탈북자 지원 축소, 사회 적응에만 초점, 중국과 제3국 출생 자녀 불인정

이처럼 북한이주민들은 북한에서 가족부양 책임, 굶주림, 가난과 강제수용소 경험, 탈북자에 대한 엄벌, 벗어날 수 없는 계급사회 등을 경험하며, 제3국을 거치며 일부 여성들의 경우 인신매매, 성매매 및 성폭력, 불법체류자 신분으로 인한 심리적 위축과 불안 등을 경험한다. 그리고 한국에 입남한 후에도 신분의 안정감을 확보하게 되나 여전히 외로움, 고립 등 심리적 불안과 남한 출생자들과의 관계에서 느끼는 편견과 고정관념과 싸워 나간다. 그 외에도 언어와 문화 차이는 단기에 극복하기 어려운 시간이 오래 걸리는 주된 과업인 것이다. 물론 이러한 사실은 개인의 심리적 상태와 가족 및 주변 사회환경에 따라 주관적으로 다를 수 있겠으나, 한국사회에 소수자로 살아가며 신체적 돌봄과 회복을 필요로 한다는 점과 심리적 위축과 불안에서 최소한 벗어나 보다 나은 삶을 영위하고자 한다는 사실만은 공통적일 것이다.

2) 진로관련 자기 파악과 성찰: 먼저 온 선배를 통해

지피지기백전불태[知彼知己百戰不殆]라는 말이 있다. 이 말은 중국 전국시대(戰國時代)에 지어진 병법서(兵法書)인 『손자』에서 유래하는 말로 상대를 알고 나를 알면 백 번 싸워도 위태롭지 않다는 뜻이다. 북한이주민들의 적응과 기능적인 일상을 위해 국가적, 사회적 차원에서 여러 정책이 시행되고 있으나, 일차적으로 개인 입장에서 스스로 자신이 누구인지 명확하게 파악할 필요가 있다.

북한이주민들이 진로에 관해 고민할 때 누구로부터 가장 힘을 얻을 수 있는가? 정책가, 교육자, 심리치료사 등 여러 중요한 역할의 동행자들이 있으나, 그들은 그들과 같이 목숨을 걸고 탈북 경험을 한 선배들의 이야기에 귀 기울인다는 사실을 오랜 인터뷰 경험을 통해 알게 되었다. 물론 필자의 주관적인 경험이나 그들이 진로와 고민하며 막막한 심정을 느낄 때 먼저 온 선배들의 사례들은 그들에게 큰 위로와 도움이 될 것이다.

이 과정을 통해 북한이주민들은 선배들의 일경험에 비춰 자신들의 모습을 점검해 볼 것이다. 그들은 자신의 성격이 어떠한지, 외향적인지 내향적인지, 시간을 설계하는지 자유롭게 일하는 방식을 선호하는지 등 성격적 특성에 관해서도 보다 뚜렷이 알아갈 수 있을 것이다.

북한이주민들이 직업을 선택하는 과정을 보면, 고향 사람들을 의지하며 자문할 것 같지만 그렇지 않은 경우도 많다. 홀로 탈북하여 더 이상 북한 사람을 만나지 않겠다는 사람부터 이제 온전히 남한 사람으로 살겠노라고 다짐하며 한국에서 태어난 사람들과 네트워크를 만들어가는 경우도 있다. 하지만 다행스러운 점은 반드시 대면하거나 네트워크를 만들어가지 않아도 인터넷을 통해 간접적이나마 다양한 삶의 모습을 지닌 선배들을 만날 수 있다는 점이다.

따라서 초기 탈북하여 모든 것이 막막한 북한이주민들은 마음 문을 열고 자신이 좋아하는 인터넷 채널을 통해 먼저 온 선배들이 어떻게 살아왔는지에 관해 일단 귀 기울여 보기를 강조하고 싶다.

3) 자기 자원과 강점 파악

2006년도에 탈북한 50대 여성의 증언을 살펴보자. 그녀는 북한에서 25년간 농사를 짓다가 2006년 남한으로 남편과 자녀 둘 이 함께 탈북하였다. 인터뷰 당시 그녀는 남편, 아들(딸은 독립하여 거주함)과 임대주택에서 살다가 2020년 최근 심장마비로 별세하였다. 그녀는 한국 출생자들과 출발선이 다름을 인정하며 노동의 강도가 세더라도 일의 기회가 주어지는 대로 감사하며 일한다고 했다. 특히 누구보다 아침 일찍 출근하여 주변 언니들에게 인사하며 그녀의 표현대로 '그저 성실하게' 자신의 이미지를 관리하곤 했다. 비록 고된 신체노동이 강한 업무였지만 그녀는 동료 모르게 덤으로 챙겨주시는 5만 원가량의 (사장님이 주신) 팁과 즐겁게 함께 웃으며 일할 수 있는 언니들을 자주 언급하며 자기 일에 만족해 하였다.

김치 공장에서의 일경험

한국에서 몸 사리지 않고 무도 막 이렇게 치고 그러니까, 사장님이 손이 너무 빠르다 해요. 기계 같다고요. 하하. 배추 차 들어오면 세 명이서 내리는데, 한

30분이면 다 내리는 거예요. 그러면서 사장님이 돈 조금씩 챙겨주는 거예요. 뭐 5만 7,000원 정도. 동료들 모르게요. 저는 또 일하라면 김치 공장 선택하고 싶어요. 사장님이 괜찮거든요. 남자 사장인데, 어 여자 아니고 남자 사장인데 저를 진짜 친동생처럼 그렇게 잘해 줬어요. 돈도 챙겨주시고 가만 가방에 이렇게 꼬불쳐주시고. (북한 사람이어서 받는 차별은 있냐는 질문에) 아니 아니, 일을 잘해서 그런가 괜찮아요. 눈치 봐가며 일하는 거 있잖아요. 그저 성실하게 조마조마 웃으면서 언니들보다 일찍 출근해서 "언니들 수고하세요" 웃으면서 인사부터 하는 거예요. 그리고 저녁에 퇴근할 때는 "언니들 수고하셨어요"라고 하고요. 내가 여기서 열심히 해서 인정도 받고 해야겠다는 생각이 있으니까요. 좀 내가 싹싹하게. 그렇게 먼저 좀 다가가고 이렇게 했어요. 먼저 웃으면서 얘기하는 사람한테 막 뭐라고 하진 못할 테니까요. (50대 여성, A씨, 2006년 탈북)

그녀는 자신의 쾌활한 성격과 부지런함, 원만한 인간관계를 강점으로 꼽았다. 직장 동료들에게 먼저 다가가거나, 일찍 출근하는 부지런한 모습을 보이는 등이 강점의 예가 된다. 이처럼 북한이주민들은 남한사회에서 경제적, 심리 및 문화적으로 소수자의 위치에 있으면서, 자신이 지닌 결핍과 문제에 초점을 두기보다 자신이 지닌 자원과 강점이 무엇인지에 주목하며 자원을 활용해 나가는 일이 무엇보다 중요하다.

4) 남한사회의 전반적인 문화에 대한 이해: 사회적 네트워크의 확장

해외여행에서 종종 우리는 자신이 경험한 문화와 다른 문화 격차를 경험한다. 북한이주민 역시 국가체제와 문화적 차이로 인해 남북인은 얼굴색은 유사할지라도 다소 당황스러운 사건들을 마주하곤 한다.

필자는 북한이주민들을 처음 인터뷰하기 시작하던 약 10여 년 전 인터뷰 자리에서 커피를 건네주었다. 하지만 그녀는 북한에서 커피를 마셔보지 않았다고 하며 입에도 대지 않아 서운했던 적이 있다. 또한 한 탈북여성과 둘이 만나기로 했는데 그녀는 또 다른 친구를 나의 허락 없이 데리고 와서 당황했던 적도 있고, 나와 친밀한 관계라고 명명하며 한 탈북청년은 자신의 아파트 비밀번호를 알려주기도 했다. 이러한 일련의 사건들은 매우 개인적인 일로 비춰질 수 있겠지만 그들이 인간관계를 맺는 방식과 식음료의 취향, 친밀한 관계에서 발생되는 행위 등 생활 곳곳에서 미묘한 차이가 있음을 깨닫게 되었다.

북한이주민들은 낯선 남한 땅에 도착한다. 그들은 대부분 우리가 해외여행을 위해 비행기에 오르듯 안전하고 명확한 시간표를 기대하는 일정이 아니다. 북한 입장에서 보면 불법적으로 탈출하는 것이며 모든 일정은 브로커를 통해 음지에서 이뤄지게 된다. 따라서 그들의 탈북 여정은 목숨을 수반한 고단하고 긴장감이 팽배한 초를 다투어야 하는 싸움이 되기도 한다.

북한이주민들은 우리가 아주 당연하게 여기는 많은 일이 새롭게 배워야 할 과제가 될 때가 많다. 마트에서 장을 보고 포인트 카드를 쓰는 일부터 버스와 지하철을 어떻게 타야 할지 몰라 겁내 하는 경우도 많다. 또한 집으로 도착하는 전기요금 고지서를 보며 당황하고 왜 내야 하는지 반문하기도 한다. 그리고 많은 북한이주민들이 불평하는 일로 (헤어질 때) '다음에 보자'는 말이 있다. 남한 사람들의 인사말에 탈북자들은 반드시 만나자고 하는 말로 기억하고는 연락이 오지 않으면 화를 내기도 한다.

정책적인 거시적인 담론은 접어두더라도, 일상에서 소비하며 이동하고 사람들을 만나는 일상에서 그들은 자신과 다른 남한문화를 접하게 된다. 따라서 북한이주민들은 일상생활에서 자신이 어떻게 생활해 가야 할지에 관해 자신만의 가치관과 고유한 삶의 방식을 만들어 가기까지 시간이 꽤 걸린다.

특히, 직장 생활과 관련하여 그들은 직장 생활에서 필요한 행정적 용어를 비롯하여 문서관리 능력, 해당 조직문화의 분위기와 특징을 이해하고, 직장 생활에서의 예절과 매너 등에 관해서도 습득할 필요가 있겠다.

북한이주민들의 보다 빠른 기능적인 적응을 돕기 위해 그들에게는 타자가 필요하다. 그들은 타자와의 관계를 통해 자신의 모습을 비춰 볼 수 있기 때문이다. 따라서 일차적으로 스스로 지역 내 복지기관, 종교기관 등을 통해 사회적 관계를 맺어 나가는 일이 무엇보다 중요하다. 건강한 인간관계는 일차적으로 그들의 일상에 활력을 줄 것이며 동시에 그들이 한국사회에서 살아갈 수 있는 문화 전반의 이야기들을 들려줄 것이다.

종합하여, 이 장에서는 보다 원만한 남북인의 직장 생활을 위해 남한 사람의 입장과 북한 사람의 입장을 구분하여 필요한 일들이 무엇인지 부족하나마 저자들의 연구와 현장경험을 바탕으로 주관적인 생각을 정리해 보았다. 이러한 노력은 남한 사람의 자국중심주의 패러다임이 아닌, 상호문화 중심적인 인식이 작동하는 공간으로 자리 잡게 하며 사회문화적 통합을 준비해 나가는 노력이 될 것이라고 확신한다.

‖ 참고문헌

전주람 · 신윤정. 2019.「북한이주민들의 남한사회에서 직장 유지경험에 대한 질적사례연구」.『통일과 평화』 11(2), 351-397.

전주람 · 신윤정. 2020.「북한이주민과 근무하는 남한사람들의 직장생활 경험에 관한 혼합연구」.『통일인문학』 83(01), 121-166.

○ 저자소개

전주람(Jun Joo ram) ramidream01@uos.ac.kr

1979년 서울에서 태어났으며, 성균관대학교 가족학(가족관계 및 교육, 가족문화)으로 박사학위를 최종 취득하였다. 서울시립대학교 교육대학원 교수학습 · 상담심리 연구교수로 2017년 7월부터 2019년 6월까지 재직했으며, 현재는 서울시립대학교 교직부 소속으로 〈심리검사를 활용한 심리치료〉, 〈심리학의 이해〉를 가르치고 있다. 아울러 서울가정법원 상담위원으로 2014년부터 최근까지 활동 중이며, 2022년부터는 통일부 통일교육위원으로 활동하고 있다. 지속적인 연구 관심사로는 가족관계, 부부회복, 문화갈등, 남북사회문화 등이 있다. 주요 논문으로는 「50-60대 북한이주남성들의 일경험에 관한 질적사례연구: 일의 심리학 이론을 중심으로」(공저), 「20대 이혼을 결심한 신혼기 부부에 관한 가족치료 사례연구」(단독), 「북한이주민들의 남한사회에서 직장 유지경험에 대한 질적사례연구」(공저), 「북한이주민과 근무하는 남한 사람들의 직장 생활 경험에 관한 혼합연구」(공저) 등이 있으며, 저서로는 『절박한 삶』(공저, 2021년 서울대학교 다양성위원회 선정도서), 『20대에 생각해보지 않으면 후회할 것들』(공저), 『21세기 부모교육』(공저, 2023년 세종도서 학술부문 선정도서) 등이 있다. 2016년 KBS 〈생로병사의 비밀: 뇌의 기적〉 600회 특집에 부부상담사로, 2021년 KBS 〈통일열차〉 일요초대석에 출연하였다.

신윤정(Yun-Jeong Shin) yj.shin@snu.ac.kr

1978년 서울에서 태어났으며, 서울대학교에서 언어학 및 심리학 전공으로 학사학위를 취득하고, 동 대학 심리학과 임상 및 상담심리 전공으로 석사학위를 취득 후, 미국 퍼듀대학교에서 상담심리 전공으로 박사학위를 취득하였다. 미국에서 Psychologist 면허를 취득하고, Arkansas State Univ에서 조교수로 재직하였다. 한국으로 귀국 이후 서울시립대학교 교육대학원 교수학습 · 심리상담전공 교수로 8년 반을 재직 후 2020년 3월부터 현재까지 서울대학교 교육학과 교육상담전공 교수로 재직 중이다. 한국상담학회 및 한국상담심리학회 1급 자격증 소지자이자 수련감독자이며, 한국상담학회 서울경기인천상담학회 학회장을 역임하고 현재는 한국상담심리학회 학술위원장이자, 해외 저명학술지인 Asia Pacific Education Review의 Editor 역할을 담당하고 있다. 진로발달, 생애개발상담 개입 및 사회적 소수자를 위한 사회정의옹호철학에 기반한 상담 및 심리교육에 관심이 있다. 주요 논문으로는 「Understanding career-desining experiences of North Korean immigrant youths in South Korea」, 「사회인지 관점에 기반한 통일에 대한 긍정정서가 통일 지향행동에 미치는 영향: 한국 성인을 대상으로」, 「북한이주민과 근무하는 남한 사람들의 직장 생활 경험에 관한 혼합연구」, 「Perception and experience of sexual and gender minority Korean youth in school counseling」과 「북한배경 청소년 대상 온라인 생애진로설계 집단상담 프로그램 개발 및 효과」, 「북한배경 청소년들의 사회 · 문화자본 관련 국내 진로상담연구 동향 및 사회정의옹호상담 적용방안」 등이 있다. 저서로는 『학교폭력 예방 및 학생의 이해』와 『청소년 진로특성 진단 및 활용』이 있고 번역서로는 『상담자 자기돌봄』, 『아동청소년 상담: 이론, 발달 및 다양성의 연계』 등이 있다.

배일현(Ilhyun Bae) ilhyun.b@gmail.com

1994년 대구에서 태어났으며, 국어과 정교사 2급 자격을 취득 후 북한배경 및 다문화 청소년, 소외계층 청소년 등 환경이 다양한 배경의 청소년을 지도하였다. 이후 서울대학교에서 교육상담 전공으로 석사과정을 취득하였으며, 사회적 소수자를 위한 사회정의 옹호 상담, 북한배경 이주민의 심리적 안녕감 등에 관심을 갖고 학업과 연구를 이어 나가고 있다.

배지홍(Jihong Bae) jihong1997@snu.ac.kr

1997년 부산에서 태어났으며, 고려대학교 교육학 학사 취득 후 서울대학교 교육학 상담 전공 석사학위를 취득하였다. 여성과 청소년을 비롯한 사회적 소수자를 위한 사회정의 옹호 상담, 아동학대 및 성폭력 등 트라우마 상담 등에 관심을 갖고 지속적으로 학업과 연구를 이어 나가고 있다.

북한이주민과
일세계

초판인쇄 2024년 4월 30일
초판발행 2024년 4월 30일

지은이 전주람 · 신윤정 · 배일현 · 배지홍
펴낸이 채종준
펴낸곳 한국학술정보(주)
주 소 경기도 파주시 회동길 230(문발동)
전 화 031-908-3181(대표)
팩 스 031-908-3189
홈페이지 http://ebook.kstudy.com
E-mail 출판사업부 publish@kstudy.com
등 록 제일산-115호(2000. 6. 19)

ISBN 979-11-7217-177-3 94330

책에 대한 더 나은 생각, 끊임없는 고민, 독자를 생각하는 마음으로 보다 좋은 책을 만들어갑니다.